Text Analysis of Excellent Web Comments

21世纪新闻传播学精品教材

优秀网络评论文本解析

主　编　姚洪磊　刘学峰

副主编　景义新　姬学涛　柴巧霞
李雪昆　夏熊飞

中国传媒大学出版社
·北京·

序 言

当今时代，经济腾飞，文化繁荣，媒体评论有了更大的发展。互联网与媒体的融合，形成了崭新的网络新闻评论文体，其思想内容、写作手法发生了一些新的变化。从中央级网络媒体到各省市主流网站，都设置了评论版块，一些网络评论栏目及其发布的时事评论多次获得中国新闻奖，如人民网的《观点》、湖南红网的《红辣椒评论》、湖北荆楚网的《东湖评论》等，说明网络评论已经在向着成熟化和专业化的方向发展。据中国互联网络信息中心2021年2月3日发布的第47次《中国互联网络发展状况统计报告》显示，截至2020年12月，我国网民规模达9.89亿，我国互联网普及率达70.4%。面对网络的高速发展，如何规范和提升网络评论的生产与传播，是一个迫切需要研究和解决的课题。十分欣喜，由姚洪磊、刘学峰等合作编著的《优秀网络评论文本解析》一书将由中国传媒大学出版社出版，我应邀为其作序。

在知识信息骤增的大背景下，在传媒速度和方式越来越快捷、越来越多元的形势下，受众已更加理智，除了需要知道新闻报道的事实外，更有深入了解事实成因及后果的欲求。简单化报道和发表意见已难以激发人们的阅读欲，而视角独特、见解独到、说理透彻、思维方式新颖、富有知识张力的言论，才会受到读者的青睐。今天，我们不能一味鼓励“想到就说”，而是力求“想好了再说”，提倡“讲好真话”。我一直以为，一个有良知有社会责任感的评论员，应该将民主意识、科学精神、独立品格和宽容胸怀统一地表现在自己的意见表达中；这同样也应该成为广大民众网络意见表达的准绳，在循序渐进的学习中，在锲而不舍的坚持中逐步得以实现。

网络新闻评论针对有价值的新闻事实和社会现象发表意见，以指导实践，具有很强的引导、监督作用。运用马克思主义的基本立场、观点、方法，对现实生活中的新闻事实和重要问题做出分析，可以旗帜鲜明地表彰先进、针砭时弊，帮助群众明辨是非，区分先进和落后、正确和错误，为群众解疑释惑，为社会进步建言献策。新闻评论在舆论监督中处于一种显要的地位，在弘扬先进思想和精神的同时，揭露和抨击各种腐败现象和不正之风，对其形成强大的舆论压力。

由于其独特的功能和作用，网络评论成为互联网新闻宣传的旗帜和灵魂。在实践中，我们也体会到，新闻评论要增强吸引力、感召力和说服力，并不是一件容易的事，而网络新闻评论正好具有这些长处。一是针对性。网络新闻评论善于小题大做，大处着眼，小处落笔，力求主题集中，短小精悍，思想深刻，观点鲜明，道人所未道，言人所未言。文风强调清新明快，棱角分明，虎虎有生气。二是群众性。有平民意识、草根意识，摒弃了那种居高临下、云山雾罩的“宏论”，贴近实际、贴近生活、贴近群众，讲百姓关心之事，说群众欲说之话，以谈心方式写言论，以平等态度对待受众。做到架子不大，贴近生活；帽子不大，单刀直入；口气不大，亲切感人；文章不长，道理说透。三是参与性。把话语权交给普通群众，各方面人士都能写评论，并通过网络平台发出，由群众直接论理，使新闻评论更好地反映群众的心声。

我1982年大学毕业分配到《长江日报》工作，2001年调入大学任教至今。从一个媒体评论员到在高校教授新闻评论，长期的媒体评论和教学实践促使我思考一个问题：评论是什么？如何认识它？怎样发挥它在社会进程中的积极作用？在长期的教学实践和理论研究中，我慢慢悟出并坚定了这样一种认识：从新闻学视野解读新闻评论——新闻评论作为一种观点信息越来越受到人们的关注，自然也得到了媒体的重视；从社会发展视野研究新闻评论——新闻评论作为舆论环境建设的一个重要组成部分，在促进民主政治建设中越来越发挥着积极作用；从认识论视野阐释新闻评论——新闻评论作为一种理性认识的表现形式，有助于人们的更全面更科学地认识世界。由此我得出结论：评论是一项需要普及和提高的公民素质。

我虽然有着长期从事媒体评论工作和大学新闻评论教育的经历，但看到这部由年轻人写成的与时俱进、富有生气的书稿，仍是由衷为之高兴，为编著者点赞。本书设计了五个类别的网络评论文本，分别是：国际评论、时事评论、经济评论、体育评论、文化评论。每个单元设此类评论的概论，每篇文章后附对范文的解析和思考题。这部新著，分类解读了网络评论文本、系统研究了网络评论内容：从选题的角度，有独到的眼光；从新闻评论教育的角度，有时代的担当；从范本编选和解析的角度，有专业的高度。这本著作的范本选得很精炼，囊括了社会生活、经济建设的方方面面，分类也很科学，包括时政、经济、文化、国际、体育，显示出编撰团队对网络新闻评论的熟悉和了解。每一类评论都做了总结性的概述，使其意义得到了升华。每一篇评论文章的解读都是很专业的，都很有价值，对网络新闻评论的案例教学将有很大的帮助。我对编撰团队认可，对参与编著者熟悉，他们中既有高校新闻专业教师，也有行业管理者和资深媒体从业人员，他们的理论基础和实践经验都很丰富，真正做到了理论和实践相结合。希望本书的出版，能对网络评论教学、研究工作有所帮助，成为专家学者、媒体编辑记者和广大网民们的益友。

谨此以序。

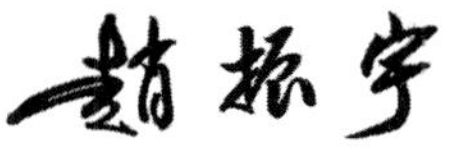

2021年3月26日于武汉

〔作者系华中科技大学新闻与信息传播学院教授；中央马克思主义理论研究和建设工程首席专家；中国故事创意传播研究院智库专家〕

前　言

在蓬勃发展的互联网时代，信息传播的方式与载体发生了翻天覆地的变化，基于新媒体平台的传播，网络新闻评论正给社会舆论带来越来越大的影响。在新闻传播学学科领域，对新闻评论的专门研究虽然由来已久，但是对于有着网络媒体文本特征和传播特性的网络新闻评论，尚鲜有人做系统深入的研究。有鉴于此，我们从文本解析着手，迈开网络新闻评论系统性分类研究的第一步。

在具体的研究过程中，我们会面对一些问题。

第一个问题：网络新闻评论的概念如何界定？这是我们研究和立论的基础。我们认为，所谓网络新闻评论，就是首发于网络大众媒体的评论文本。网站新闻页面的简短留言，可能也表达了自己的观点，但是首先它不是大众媒体，且往往不是完整的评论文本，对于网络新闻评论教学无大益出，故不在考虑范围之内。另外，博客或微博，因为不是大众媒体，其中的评论性文本亦不在考虑范围。在一些大型门户网站上的原创视频评论，固然具有大众传播的性质，但是其口语表达经常过于随意，无法体现文本的规范性；加之有些表达过于感性，缺乏新闻评论应有的理性精神，综合各方面因素，经过反复斟酌，我们在遴选作品时，暂未将其排列在内。

第二个问题：哪些网络新闻评论作品堪称优秀？或者说，优秀网络新闻评论作品，应以怎样的标准进行遴选？对此，我们有五个方面的考量。

1.从作品的角度考量。

(1)坚持正确的舆论导向，弘扬社会主义核心价值观，贯彻团结稳定鼓劲、正面宣传为主的方针，落实“三贴近”要求。

(2)紧贴经济社会发展实际，讲好中国故事，传播中国声音。

(3)观点鲜明，立论有新意，言之有据，分析深刻，文笔生动、鲜活，网言网语，结构完整有序，符合网络阅读习惯。

(4)对于关系国计民生，在社会大众当中引起较大的反响，甚至在一定程度上影响了公共政策的改革或制定的网络评论作品，酌情重点关注。

2.从奖项的角度考量。从历年获得“中国新闻奖”的网络新闻评论中进行选择。该奖的权威性和公信力保证了获奖作品的水平层次。

3.从媒体的角度考量。网络媒体繁杂而诸多，选稿时也要充分考虑其公信力、权威性，我们将重点关注人民网、中青网、新浪网、网易、搜狐、凤凰网、腾讯网、荆楚网、红网等知名网站首发的评论作品。

4.从作者的角度考量。对于活跃于网络媒体的大V，选其代表性的作品。入选如《中国青年报》评论员曹林——人民网历年评选出的“十大网评人”。

5.从时间的角度考量。选择自网络新闻评论诞生以来具有代表性的优秀作品。

第三个问题：我们从哪些角度出发，对优秀网络评论文本进行解析？

1.从网络新媒体文本特征角度解析；

2.从网络新媒体传播特性角度解析；

3.从议程设置角度解析；

4.从价值观引领角度解析；

5.从修辞学角度解析；

6.从网络问政的角度解析；

7.从公共领域构建的角度解析；

8.从意见领袖与政府关系的角度解析；

9.从公民理性表达的角度解析；

10.从网络表达娱乐性的角度解析；

11.从文本结构层次的角度解析；

12.从文章选题与立意的角度解析；

13.从文章标题撰写的角度解析。

……

第四个问题，对于优秀网络新闻评论范本，我们将如何进行分类？

经过综合考虑，本书对于涉及的优秀网络新闻评论分为五个基本类别，它们分别是：网络国际评论、网络时事评论、网络经济评论、网络体育评论、网络文化评论。每个类别，一般精选优秀范文10篇左右。对于近50篇评论范文，本书从各个角度出发，逐一解读赏析；对于各类评论，概括总体特征进行专题论述。

另外，本书所选取的优秀网络评论范文，囿于容量有限，难免遗珠之憾。因和种缘由未能选入本书的优秀网络评论，欢迎作者自荐、媒体编辑推荐、读者举荐。本书如果有再版的可能，我们会考虑增补。

对于本书所选的近50篇优秀网络新闻评论范文，我们完整保留作者署名，保证标题和文本完整如初，不做任何改动，且对原发网络媒体进行标注，并附上网络链接，以示尊重。

真诚希望本书能给有志于从事网络新闻评论写作的各高校新闻院系的大学生乃至社会人士以有益的参考与启发，最终为日益发展的中国网络新闻评论事业贡献一份正面的助力。

本书编著团队

2021年3月

目录

CONTENTS

第一章 网络国际评论

第一节　网络国际评论概论　/ 002

第二节　网络国际评论文本解析　/ 007

范文一：中国公务船为啥进入钓鱼岛海域？　/ 007

范文二：叙利亚和谈需要国际社会共同“保驾护航”　/ 010

范文三：美国自作自受的南海战略出路在何方？　/ 012

范文四：解读“安倍谈话”：假道歉、真作秀、表里不一　/ 015

范文五：国平：“私谊外交”为中国外交增添新亮色　/ 018

范文六：与中国“接轨”，将是一种潮流　/ 021

范文七：中国维护国际秩序不是为一己之私　/ 024

范文八：朴总统，别让“萨德”折腾韩百姓了　/ 027

范文九：美国“例外论”引导美国走上歪路　/ 030

范文十：土耳其未遂政变考验美土关系　/ 033

第二章 网络时事评论

第一节　网络时事评论概论　/ 038

第二节　网络时事评论文本解析　/ 043

范文一：打通“两个舆论场”　/ 043

范文二：依法理性表达爱国热情 / 046
范文三：法律如不能保民，同样不能保官 / 049
范文四：希望“电视问政”在各地“热播”起来 / 052
范文五：“官二代”是一枚不理性的标签 / 054
范文六：海南教育，该为8,000名满分考生羞耻 / 057
范文七：“倒钩”事件凸显多元监督重要性 / 060
范文八：两岸向前行 “莫忘初心”是正理 / 063
范文九：敏感项目，如何避免中国式“邻避运动”？ / 066
范文十：“老何说和”说了些什么？ / 069

第三章 网络经济评论

第一节 网络经济评论概论 / 074
第二节 网络经济评论文本解析 / 080
范文一：大众创业：激活全社会每一个细胞 / 080
范文二：收入分配改革的关键在“切饼者后拿” / 083
范文三：“宝马之乡”全民放贷崩盘的警示 / 086
范文四：“世界第二”仅仅意味着一个新的开端 / 089
范文五：碳关税：绿色面具难掩贸易歧视灵魂 / 092
范文六：国际金融危机暴露美式经济弊端 / 095
范文七：爆炸、矿难，山西为何黑色新闻不断？ / 098
范文八：“免费”为“反恐” 卢总经理在忽悠谁？ / 101
范文九：从“湖南第一村”的上市悲剧中反思什么？ / 104
范文十：“红顶商人化”与“商人红顶化” / 107

第四章 网络体育评论

第一节 网络体育评论概论 / 112
第二节 网络体育评论文本解析 / 117

范文一：国足屡遭梦魇，动荡才是症结所在 / 117
范文二：中超顶级联赛梦要靠尊重足球规律 / 120
范文三：看奥运，还得对金牌“去杠杆” / 123
范文四：反“金牌至上”不等于讳言金牌 / 126
范文五：大圣，不如做个务实的“弼马温” / 129
范文六：国足为何无法复制恒大式成功？ / 132
范文七：体育的光荣不止于输赢 / 135
范文八：C罗的极限只有天空……和梅西 / 138
范文九：刘翔，回到原点说再见 / 141
范文十：科比退役 总会有人带走你的青春 / 143

第五章 网络文化评论

第一节 网络文化评论概论 / 148
第二节 网络文化评论文本解析 / 155
范文一：垃圾广告泛滥——主流文化在武汉公交上失势？ / 155
范文二：践行文化自信，让中华文化走向世界 / 159
范文三：莫让“弹幕”成网络低俗文化的阵地 / 162
范文四：用深厚传统文化涵养民族未来 / 164
范文五：少服些“葛优躺”牌的精神软骨散 / 167
范文六：节日之思，文化遗产应融入现代生活 / 171
范文七：不要把名人故居做成“文化快餐” / 175
范文八：“烂片时代”是商业喧哗下的急功近利 / 177
范文九：《余罪》饱含真实的人性 / 180

后 记

Chapter 1

第一章　网络国际评论

▶ 第一节　网络国际评论概论

▶ 第二节　网络国际评论文本解析

第一节 网络国际评论概论

中国在世界舞台上正扮演着越来越重要的角色，中国对于国际事务的看法，对于大国关系的处理，必将对国际舆论产生重要的影响。网络国际评论是国际评论和网络媒体的结合物，其不断发展，已形成扩大中国国际话语权的重要力量。解释和评价世界，必定要体现中国的价值观。中国不仅要重点培养专门从事国际评论写作的评论员，而且还要邀约一大批有影响力的国内学者开设专栏，同时鼓励草根作者在网上发表爱国、理性的评论。

一、网络国际评论的概念及其内涵

要想学习、理解和撰写网络国际评论，首先需要对它的概念有一个准确的理解。笔者查阅了目前的相关研究成果，尚未发现对“网络国际评论”的专门诠释。综合有关研究网络评论的文献以及网络国际评论文本自身，笔者综合考量，将“网络国际评论”定义为：以国际新闻、国际事务、国际问题以及与之相关的人物为言论对象，首发于大众网络媒体的具有完整文本的评价性意见。

根据本研究的定义，对于“网络国际评论”这个概念的内涵，有必要澄清以下三点：第一，考察的视域应该集中放在具有大众传播意义的网络媒体上面，而不是将自媒体等网络平台纳入范畴；第二，注重评论文本的相对完整性，真正意义的评论不能只是表达观点的一两句话、一小段文字，而应该是有观点、论据和论证过程的完全文本，类似只言片语的评价性意见应该被排除在外；第三，评论的对象是国际领域的新闻事件，有些评论可能与其他领域交叉在一起，但是主要目标面向国际问题。因此，大众传播、完整文本、国际范畴是“网络国际评论”内涵的核心，理解了这三点，就能很好地掌握这个概念。

网络媒体上的综合性国际新闻报道不断出现，兼具时效性与现场感，其覆盖面和影响力已超越传统媒体，网民深入讨论国际热点问题的热情明显提升。网络国际评论作为新兴的评论体裁，将国际新闻纳入视线，并以此为素材，从大处着眼，重点关注影响国际时局的大事件，从中国国家利益出发，鲜明表达中国媒体和网民的立场、态度。网络国际评论影响力越来越大，研究者和写作者初步总结出一些其特点和方法。

二、网络国际评论的特点

进入21世纪，国力的快速崛起常使中国在不经意间被推到国际舆论的风口浪尖。网络国际评论也是争夺和扩大国际话语权的重要方式，而国际评论的悄然转型带来了大众化、社会化的新属性和新特点。

（一）在评论风格上“去官方化”，出现民间化、非专业化趋势

由于“外交无小事”的传统思维惯性，过去在报纸杂志上对国际事务刊发评论，几乎都是官方、大牌学者、资深记者的“专利”。到20世纪90年代中后期，这种“垄断”慢慢被打破，国际评论呈现出民间化、非专业化的趋势。现在，各报社、网站的国际评论文章，稿源基本上是来自社会投稿、编辑的策划约稿，或是报社专人撰写的社评，这与过去常常强调“国际评论要配合外交斗争”的纯官方性质截然不同。“去官方化”的趋势，对内拓展了普通读者对国际问题的不同认识，对外则展现了中国社会对国际事务的各种见解，大大推动了中国与外部世界之间的相互认知。

（二）遵从新闻规律，在时效上表现出“趋标准化”的评论反应速度

过去对一些重大国际事件的评论，通常需要多方论证与内容审核，常常是较长的时间后才能听到中国报刊对某个国际事件的立场，有时还会采取集体沉默的方式。现在由于互联网技术的发达与读者的需要，中国媒体对重大国际事件的评论基本上遵从新闻规律。当天的重大国际新闻通常第二天就能看到评论文章。许多电视台会采取现场直播点评的方式，一些具有新闻发布资质的网站，则会出现很多快评。这些时效性强的评论文章为中国话语参与国际传播竞争奠定了基础。

（三）在观点上表现出“泛多元化”的特点，一种思辨型的舆论氛围逐渐形成

在讲政治、识大局的前提下，网络国际评论出现了越来越浓厚的社会争辩色彩，一些重大国际话题的争论令人印象深刻，我们可以暂且称之为“泛多元化”状态。这些争辩大大开拓了普通读者的思路与视野，提升了中国社会对思想分歧的承受力，更

向世界表达了丰富的中国声音，对中国外交政策整体上具有积极作用。

（四）在作者构成上，“脱学术化”的迹象越来越明显

讲求语出有据、字字准确的专业评论文章依然是重要的，但由于读者需要，国际评论的文风与话语体系在过去几年变化很大。由于一些才华横溢的媒体评论员、自由撰稿人的出现，由专业国际研究学者主导的国际评论局面已经发生了动摇。一些非学院派的国际评论作者受到了越来越多国内读者的欢迎，进而改变了评论文章的表达方式，也推动了中国国际问题的研究水平。“脱学术化”的迹象使国际政治研究发生了“第三次功能革命”，即由过去“为了政策”“为了学术”演变到现在的“为了社会”，这要求必须有更多的通俗易懂、深入浅出的国际点评，来服务于普通读者的阅读需求。这些年，越来越多的国际研究者上电视、写评论，大大改变了过去的学术生态，这种变化同样也有助于在国际舆论场上传播中国思想。

三、网络国际评论的社会功能

（一）紧跟国际形势，敏锐捕捉国际新闻热点，服务于外交和读者需要

在实际操作过程中，“凡外交部发言人能说的，我们应该写；外交部发言人不便说的，我们也应该积极配合，争取写好”也就是说，国际评论要以中国外交主张为纲，在此基础上，也要积极反映中国民间声音，并逐渐形成和声，以壮大中国外交声音。

收入本书的环球网评论《朴总统，别让萨德折腾韩百姓了》，针对韩国部署“萨德”反导系统的国际新闻热点，指出青瓦台同意美国部署“萨德”，换取对方的安全支持，是无视这会给国家带来的危害。文章认为，要讲危害，抛开韩国丧失地缘政治优势、同主要邻国“化友为敌”不说，更可怕的危害是此举会造成韩国社会撕裂。其撕裂是广泛的、深刻的、严重的，波及执政党与在野党，执政党内部以及不同的利益阶层。这种社会危机，无疑是国家安全最大的潜在危险。

（二）从国家关系和国家利益出发，鲜明表达中国媒体的立场和态度

写国际评论，作者必须对文章导向时刻保持高度警惕。面对复杂变幻的国际形势，国际评论要符合我国的政治立场，既要原则坚定、旗帜鲜明、统揽全局，又要审时度势、把握时机、注意分寸，切忌有勇无谋，不讲策略地处处锋芒毕露。从政治的角

度观察问题，用政治的眼光分析问题，是写作国际评论的要义。国际问题的本质是政治问题，国家关系的核心是利益关系。当面对一些敏感问题时，要遵循邓小平提出的“不随便批评别人，指责别人，过头的话不要讲，过头的事不要做”的总要求，既要反驳外媒的某些谬误，又不能让外媒抓住我们的谬误，如此才能让我们的评论占据主动。媒体还可以“有理、有利、有节”地设置议题，直言不讳地主动点出当今世界一些需要关注的问题，引起争论，唤起国际舆论的关注，这不仅可以改变国际舆论独西方一家之言的传播劣势，而且可以化疲于解释、被动应对为舆论主动。

同样是环球网的评论《美国自作自受的南海战略出路在何方》便表达了这种立场和态度。文章首先澄清事实，指出美国、日本等少数国家一意孤行，不遗余力地推进南海问题国际化。正是由于美日推进的所谓南海问题国际化，迫使中国正本清源，把南海问题的由来和中国自古以来拥有对南海诸岛及其附近海域主权的事实真相更加详细地告诉世界，以揭穿美国、日本和菲律宾等国制造的种种不实之词。评论随后提出方案，认为中国和东盟共同维护南海和平稳定、中国和南海争端当事国通过谈判和平解决分歧，是根本解决南海问题、维护地区和平的光明大道。美国改弦更张，放弃伙同日菲搞军事恫吓、侵占中国领土和海洋权益的图谋，并以行动兑现在南海问题上不采取立场的承诺、同中国加强沟通和合作，寻求发挥更多建设性作用，才是其南海战略的根本出路。

（三）讲究传播策略，塑造良好的中国形象

为了实现我们期望中的中国国家形象，就网络国际评论来说，我们需要挖掘其潜质，进一步提升其传播效果。从整体上来看，国际评论需要“调整传播观念，讲究传播策略”。许多突发性事件刚发生时其未来走向并不明朗，如果为了时效而在对事件的评价上出现偏差，势必会向世界传递不准确的信息；与此同时，就国际事件独立地表达自己的见解，敢于在报道时效上与西方传媒竞争，从而在世人面前树立起独立的、可信赖的传播者形象，又是中国国际新闻传播从边缘走向中心应有的举措。网络国际评论必须以高度的责任感，树立国家利益至上的观念，既要保持冷静，不能在群情激愤的感染下失去理智，迷失方向，极尽炒作渲染之能事，又要讲究艺术。因此，媒体和作者需要收集并分析反馈信息，及时纠正和调整传播过程中的偏差，监测和评估传播效果，总结传播经验。

新华网评论《中国维护国际秩序不是为一己之私》较好地展示了中国的负责任

大国形象。针对西方舆论炒作中国有挑战当前国际秩序的倾向，文章指出，尽管和平与发展仍然是时代主题，但世界局势仍不太平，动荡、冲突、危机等不稳定因素明显增加，甚至有人形容为“失序”的世界，而中国始终坚持和平发展道路，一如既往地支持联合国的工作，做当代国际秩序的维护者。中国积极参与解决一系列重大热点问题，在朝核、伊核、南苏丹、叙利亚等地区热点问题的处理过程中秉持公正立场，发挥了稳定作用，在应对气候变化、抗击传染病、推动联合国发展等国际事务中扮演了建设者的角色，为维护国际和地区的和平稳定做出了贡献。

参考文献

[1]王文.如何办好国际评论[J].新闻与写作，2011 (3) .

[2]丁建庭.党报国际评论提升影响力的操作思路——以《南方日报》的国际评论建设为例[J].中国记者，2013 (9) .

[3]张华念.人民日报国际评论的语体风格研究[D].保定：河北大学，2005.

[4]周庆安.中国国际新闻报道的趋势与转型[J].新闻与写作，2011 (3) .

[5]陈银花.试论中国报纸国际新闻评论的特点和作用[J].现代传播，2013 (12) .

第二节　网络国际评论文本解析

范文一

中国公务船为啥进入钓鱼岛海域？

作　　者：马尧

首发媒体：环球网（2016-08-08）

原文链接：http：//opinion.huanqiu.com/opinion_world/2016-08/9280230.html

日媒5日报道，中国2艘海警船和6艘渔船当天下午进入钓鱼岛附近“日本领海”，这是中国公务船和渔船首次同时进入钓鱼岛附近“领海”。日本当天召见中国驻日大使提出“强烈抗议”。日媒称，日本副外务大臣杉山晋辅当天下午就此事召见中国驻日大使程永华。他称，中方此举是“侵犯日本主权，坚决不能容忍”。对此，程永华强调了中方一贯立场：“（钓鱼岛）是中国固有的领土，（航行）没有问题。”

钓鱼岛是中国固有领土，中国渔民去附近海域捕鱼，公务船只进行护航是再正常不过的事情。但在此时发生这样的事情，中国是出于何种考虑呢？

笔者认为，此举首先是对日本在南海问题上危害中国利益的一种反制。日本本是南海域外国家，换言之，南海问题不关日本的事儿。然而，日本以文谷数重为代表的一批半拉子“战略家”一厢情愿地认为，南海局势不稳符合日本的利益。中国与南海周边国家越起争执，就越消耗自身实力，即使在中国处于有利态势下也一样。日本与其杞人忧天地担心南海航线，不如在某种程度上掀起南海波澜，促使中国进军海洋的方向从东海转向南海，日本应该重视这种消耗战。于是日本不惜在南海问题上挑起跟中国的对抗，不但在G7会议上将南海问题列为议题，还鼓动菲律宾和越南等国与中国对抗，并企图逼迫中国接受非法而荒唐的南海仲裁结果。更有甚者，还有记者不顾外交礼仪质问中国驻英大使刘晓明中国与东盟国家就南海问题进行谈判的期限。中国派遣渔船和公务船只进入固有领土钓鱼岛海域进行正当的海上维权行动可谓是对日本南海问题政策的一种有力反制，是三十六计中“围魏救赵”的一次巧妙运用，同时也是对日本的一种警告。

其次，此举是对日本新版防务白皮书的一次有力回击。日本2016年版《防卫白皮书》8月2日在内阁会议获得批准。白皮书妄称对中国的海洋发展战略表示“极大担忧”和“强烈关注”，认为“有可能招来不测事态的发生”。白皮书还别有用心地写道，日本航空自卫队战斗机升空“拦截”中国战机的次数出现了激增，2015年度航空自卫队飞机紧急升空应对中国军机的次数达到571次，为2001年以来最多。中国军机在争议海域上空和附近的活动日益活跃，且飞行路径南下，在钓鱼岛附近空域的活动也变得频繁，有必要予以“强烈关注”。一个“二战”的战败国如此污蔑一个战胜国的案例在国际社会中是非常罕见的。前些年中国面对日本的挑衅往往为大局考虑，采取息事宁人的态度。自从日本打破双方政治默契挑起钓鱼岛争端后，中国开始认识到自己的君子之风有被日本利用的可能性，开始有理有利有节地对此进行回击并取得了很不错的效果。而此次钓鱼岛海域的维权行动可以看作是回击的一种方式。

最后，此举也是出于渔业生产的需要。海洋捕捞大多在渔场进行。从全球范围看，世界著名渔场多存在于温带地区的沿海大陆架附近。这是因为，温带地球温度适宜鱼类生长，水下植物的生长可以为鱼类的繁殖提供充足的氧气和饵料，且大陆架附近海水浅，阳光充足，能够照射到海底，更利于水下植被生长。沿海地区有河流注入，也会带来丰富的饵料。钓鱼岛就符合上述大多数条件，其海域大陆架宽广、阳光充足、生物光合作用强、附近有日本暖流经过，寒流和暖流交汇的地方，海水会发生搅动，从海底带来了丰富的营养盐类，从而滋养了浮游生物，吸引了鱼类和虾类来此觅食，因此拥有丰富的渔业资源。据台州渔业协会主席余建华先生分析，8月1日起，捕虾船开始出海作业。如果该消息属实，那么进入钓鱼岛附近海域的中国渔船应该是去捕捞红虾。红虾是一种经济价值很高的虾类，味道极其鲜美。在笔者的家乡江苏沿海地区，这种虾是用来款待贵宾的上品。由此看来，中国渔船进入中国领土附近的传统渔场进行传统的捕捞作业，日方的指责显得既蛮横无理又荒唐可笑。

展望未来，类似的事件有可能再次发生。中日在海洋领域的对抗长期化已经是一个不可避免的趋势。从此次南海仲裁结果的迅速谢幕来看，日本继续跟中国搞对抗的结局恐怕不太妙——在中国极为贫弱的20世纪三四十年代，日本都未能得手，何况现在？无论何时，觊觎邻家财产的结果大多是以偷鸡不成蚀把米告终。（本文作者为上海外国语大学国际关系与公共事务学院特约研究员）

解 析

钓鱼岛问题涉及中国领土主权，一直以来都被中国的广大民众所关注，但对于其中很多政治举措，一些受众并不知晓背后的缘由。这篇文章对中国公务船和渔船进入钓鱼岛海域的合理性和合法性进行了详细的解读。作者首先以新闻事件为引，抛出问题，然后将问题的答案一一道出，从维权行动对日本进行反制、有仁心受人欺、去自己家拿东西却被邻居指责这三个层面层次分明且有理有据地进行阐释，从而让受众对中国公务船和渔船同时进入钓鱼岛的“有意为之”有了更为深入的理解与认识。文末，作者采用展望式的方法，通过现有的新闻事实预测了未来的发展趋势和方向，引人深思。

此外，综观全文，其透彻的分析并不是一味将论证过程置于民众情感一隅，而是从历史、经济等多方面站在公民理性的角度予以解析钓鱼岛的现实问题，没有掺杂个人激愤情感在其中，这也更有利于读者接纳文中观点。

范文二

叙利亚和谈需要国际社会共同“保驾护航”

作　　者：聂晓阳

首发媒体：新华网（2016-02-02）

原文链接：http：//www.xinhuanet.com//world/2016-02/02/c_1117970963.htm

新一轮叙利亚问题日内瓦和谈艰难启动。在联合国特使德米斯图拉斡旋下，叙政府和反对派1日展开实质性接触。尽管双方立场相距甚远，但和谈至少已开始步入“正轨”。

这次和谈是继2014年1月叙利亚问题日内瓦会议失败后，叙政府同反对派再度坐到谈判桌旁，也是国际社会共同推动的最新一次和平努力。

如何让这一来之不易的机会开花结果，让在战火中煎熬了五年之久的叙利亚人民迎来长久和平？这需要和谈双方拿出诚意，也需要国际社会，特别是主要大国协调立场、搁置争议、发挥影响，为和谈“保驾护航”。

分析人士指出，2014年举行的首轮和谈以失败告终，是因为冲突双方及其背后的支持者各怀心思，分歧严重。

新一轮和谈得以进行，一方面说明叙利亚冲突双方及其背后势力的较量已经陷入僵局，需要通过谈判寻找突破口。另一方面，叙利亚遭受连年战祸，人员伤亡和财产损失惨重，同时也造成危机外溢，汹涌的难民潮不但让邻国招架不住，还冲击了大半个欧洲。恐怖活动借叙利亚危机兴风作浪，让整个世界如芒在背。

这些因素客观上促使国际社会呼吁结束叙利亚内战的声音高涨。在劝和促谈方面，国际社会的紧迫感越来越强。

毋庸讳言，叙利亚问题不仅是叙国内各派对决的角斗场，也是大国和地区势力博弈的棋盘。和谈成败，取决于冲突双方的政治意愿和谈判智慧，也取决于国际社会的行动力。

2015年11月，由联合国、安理会五个常任理事国、欧盟、阿拉伯国家联盟、德国、伊朗以及沙特阿拉伯等组成的“叙利亚国际支持小组”在奥地利维也纳举行会议，为化解叙危机勾画出“路线图”。这份“路线图”后来成为安理会决议的重要组成部分，而本轮和谈正是根据这一决议开启的。

根据决议，有关国家将“采取一切可能的步骤”协助实现全面停火。现在，和谈总算艰难起步，除了期待和谈能够取得进展外，人们还期待有关国家能够履行承诺，促使叙利亚各派停火，改善叙利亚人民的境遇。和谈不需要预设条件，但国际社会却需要共同努力为和谈创造出更好的条件。

解　析

文章标题即已点明本文论点，随后全文一以贯之的论述将事实与分析非常好地结合在一起，举证充足，逻辑清晰，观点明确。

作者论证的角度公平、客观，文章抓住叙利亚问题两次有代表性的和谈进行评论，先评论了第一次和谈及其失败的原因，之后紧跟着对新一轮和谈得以进行的各方因素进行了评析。作者对叙利亚问题也是国际问题的因果关系进行了简短而明晰的说明，点明“叙利亚问题不仅是叙国内各派对决的角斗场，也是大国和地区势力博弈的棋盘”。作者用话外音的方式，对叙利亚问题不仅需要其国内自身解决，也需要国际社会共同“保驾护航”的论点再次重申。

在关键词的运用上，文中“各怀心思”“陷入僵局”“难民潮”等几个词将前后两次和谈以及叙利亚问题国际化的轮廓清晰地勾勒了出来，更利于读者快速理清其间的复杂关系。文尾“不需要”与“却需要”的语言对立表达，也为叙利亚和谈的有效进行提出了必要条件。

范文三

美国自作自受的南海战略出路在何方?

作　　者:吴祖荣

首发媒体:环球网(2016-08-10)

原文链接:http: //opinion.huanqiu.com/opinion_world/2016-08/9288129.html

奥巴马政府实施亚太再平衡战略以来,一直把南中国海作为主战场,特别是近3年围绕中国同南中国海沿岸国家的领土和海洋权益争端的政治、外交、军事投入和行动,其行为变本加厉,更是越南战争结束以来所罕见。美国决策者,特别是鹰派政治精英,本着其独霸世界的本能,野心膨胀,企图以其超强军事实力为后盾,进行军事恫吓和挑衅,以诱拉、利用盟国为工具,通过精心策划的政治阴谋,实现其侵吞中国南海固有领土和海洋权益、遏制中国从而继续称霸南中国海的长远战略目标。

美国的南海战略到底是否取得了成功?美国得到了什么?失去了什么?中美两国的国际关系学者和政治分析师得出的答案也许是不同的。在美国鹰派人士看来,美国至少已经实现两大目标:一是将南中国海问题国际化,二是成功,而非中途夭折,发表了由菲律宾单方面提起的南海问题仲裁结果。然而,事物在一定条件下总是向其相反的方向发展。美国的所谓"得"已转化成"失"。因此,绝大多数中国人认为,美国现行的南海战略已呈颓势,永远不会得逞,犹如竹篮打水一场空,自作自受。

中国认为,南海争端是中国与南海沿岸国家的事,应由当事国通过谈判和平解决,域外国家不应介入。但是,美国、日本等少数国家一意孤行,不遗余力地推进南海问题国际化。正是由于美日推进的所谓南海问题国际化,迫使中国正本清源,把南海问题的由来和中国自古以来拥有对南海诸岛及其附近海域主权的事实真相更加详细地告诉了世界，以揭穿美国、日本和菲律宾等国制造的种种不实之词。中国维护国家领土主权和海洋权益的努力赢得了越来越多国家与人民的同情及支持。也正是由于南海争端荒诞无稽的仲裁结果的出笼，引起全世界各界人士对仲裁问题的关注和对仲裁结果的检查。随着越来越多的内情不断被曝光，全世界人民逐渐看清了南海临时仲裁庭是如何按有偿服务运作、违法拼凑起来的，仲裁员和律师是如何按照美日政治意志选定的，仲裁程序和结果是如何按照美国的政治阴谋设计并书写的。人们震惊地看到，仲裁结果的最核心要点，就是美国企图通过菲律宾单方面提起的仲裁案，并操控菲律宾和临时仲裁庭，滥用国际法，反映其蓄意侵吞中国在南海的领土主权和海洋权益的战略目标，为其霸占中国在南中国海的固有领土和海洋权益服务。目前为止披露的事实真相表明，建立在美国企图侵吞中国领土和海洋权益政治阴谋基础上的仲裁结果已经成为国际司法实践的反面教材。承认、接受仲裁结果就等于容忍、支持美菲日等少数国家侵占中国领土和海洋权益、破坏国际法和国际秩序的图谋。中国不承认、不接受仲裁结果不仅有效维护了国家主权和海洋权益，而且为维护国际法的尊严和公正合理的国际政治秩序做出了宝贵贡献。

美日鹰派政治精英披着国际法外衣搞侵吞中国领土和海洋权益的勾当，太不自量，低估了国际社会支持公平正义的强大力量与中国捍卫国家主权及领土完整的决心和意志。美日侵占中国在南海的领土和海洋权益的阴谋已经破产，在中国公众中其对华政策的信誉也受到重创，降至历史新低，美国对地区和平稳定的损害负有不可推卸的责任。

中国和东盟共同维护南海和平稳定、中国和南海争端当事国通过谈判和平解决分歧，是根本解决南海问题、维护地区和平的光明大道。美国改弦更张，放弃伙同日菲搞军事恫吓、侵占中国领土和海洋权益的图谋，并以行动兑现在南海问题上不采取立场的承诺，同中国加强沟通和合作，寻求发挥更多建设性作用，才是其南海战略的根本出路。

解 析

从议程设置角度，该文将美国南海战略的“内涵”罗列得透彻见底，即美国要将南中国海问题国际化、侵吞中国领土和海洋权益等。

文章开篇便归纳总结了美国南海战略的目的，帮助读者了解、回顾事件的由来。其后，以“总论与分叙”的形式客观呈现了中美两国对南海战略的不同答案，并从中美日等各方对待南海战略的态度分别进行了叙述，让受众更加全面地了解到美国南海战略的“宗旨”。

作者在论述过程中，有理有据地证明了胜利的号角永远在正义的一方被吹响，美国费尽心机将南海问题推向国际化，想要利用菲律宾达到侵占中国南海的目的，帮助受众看清了美国这样做的结果不仅没有达成既定的目标，反而帮了中国一把，抹黑了自己，更显示了中国坚定维护国家利益的决心。美国的举动正应了那句老话，偷鸡不成蚀把米。

在首尾呼应上，文章最后一段，作者对标题中提出的问题进行了回答，为美国在南海问题上指明了出路，收尾自然流畅，堪称点睛之笔。

范文四：

解读“安倍谈话”：假道歉、真作秀、表里不一

作　　者：梅秀庭

首发媒体：国际在线（2015-08-14）

原文链接：http://news.cri.cn/gb/42071/2015/08/14/8211s5067382.htm

8月14日傍晚，日本首相安倍晋三正式发表战后70年首相谈话。此次“安倍谈话”，因关乎日本政府对历史问题的认识而备受国际社会瞩目。

表面上，“安倍谈话”涉及“村山谈话”所包含的“殖民统治”“侵略”“道歉”等关键性词汇；实际上，安倍再次大玩文字游戏，模糊了“殖民统治”、“侵略”等关键词的概念，极力掩盖“道歉”的施动者和对象。“安倍谈话”名为“道歉”，实则作秀。

安倍试图以对国家发展方向的“错误判断”掩盖日本“殖民统治”的真相。

安倍首先提到：在过去的历史中，以西方国家为中心的殖民统治给日本带来危机感，这种危机感成为日本近代化的“原动力”。安倍试图向国际社会表达两层含义：

第一，过去的殖民统治不是由日本开启的，日本是为了摆脱“孤立感”，才最终走上武力解决“僵局”的道路，从而在世界大势中“迷失”的。

第二，日本曾经试图以构建“新的国际秩序”为目标而成为国际社会的“挑战者”，从而误判发展方向，走上了战争道路。

十分明显，安倍极力掩盖这样一个事实：给亚洲各国人民带来的沉重灾难的日本“殖民统治”是当时日本主动打造的惨剧。其意图就是要粉饰日本当年的滔天罪行、抹

灭各国人民对过去那场残酷战争的记忆。

安倍隐藏“侵略”一词的内涵，作秀以博取国际社会认可。

安倍在谈话中将“事变”“侵略”“战争”三个词语放在一起，既没有提及战争发动者，也没有提及被侵略国家，而是非常模糊地抛出一句“不会再次将任何武力威胁和行使（指事变、侵略、战争）作为解决国际纷争的手段”。

安倍的意图很明显，一方面，想作秀给国际社会看以博取认可——自认为言及“侵略”，各国人民就会相信他“道歉”的“诚意”；另一方面，又不想开罪国内右翼势力，仅仅“侵略”一词并没有传达出日本过去所发动的战争是侵略战争的含义。

安倍刻意将“反省”和“道歉”模糊化，粉饰其错误的历史观。

安倍表示，“关于过去那场战争的行为，我国（指日本）多次表明了痛切反省和由衷道歉的心情”。这句话充分表现出他在历史认识问题上的暧昧。他并没有表明自己对侵略战争进行反省和道歉实乃理所应当，而是以所谓“日本表明了反省和道歉”来掩盖他对历史问题的错误认知。

由上述分析可知，安倍并非真心为侵略历史悔过。

那么，安倍为何要使用“殖民统治”“侵略”“反省”“道歉”等措辞呢？笔者认为有两个原因：

首先，安倍第二次执政以来，因历史认识、领土争端等问题承受着来自日本国内外的压力，他意欲借此次谈话作出愿意“面对历史”的姿态以舒缓压力；

其次，因强行推动安保法案导致内阁支持率急剧下跌，安倍企图在不触及日本右翼势力红线的前提下讨好日本国内爱好和平的民众，以争取支持率的回升。

最后，值得关注的是，安倍在谈话里公然将台湾、韩国、中国并列提出，不免使人心生疑虑。

虽然安倍如意算盘打得精，但是各国人民不会被这种毫无诚意的作秀行为所蒙蔽。忘记历史的惨痛教训就可能重蹈覆辙，热爱和平的人们应时刻警醒——对待安倍，我们仍然要听其言、观其行，不可掉以轻心。

解　析

该篇文章的特点在于快与准。对于网络新闻来说，“快”是优势也是法宝，细心的读者不难发现，文章发表时间是事件发生两三小时后，也正因为有时效性的优势，该文在网络互动传播中收到了较好的效果，占据了舆论高地，起到了引导舆论的作用和目的。

文章标题“假”与“真”对仗，言简意赅，观点鲜明。名为“道歉”、实则作秀的观点深深抓住了受众的阅读兴趣，探寻其中奥妙的好奇心让受众有深入了解的欲望，这一写法较符合网络作品特点。

文章从安倍在“殖民统治”“侵略”“反省”“道歉”等词语运用的“小”处着眼，揭示出其背后的大阴谋与真正意图。更让人看透了“安倍谈话”的本来面目，安倍过多的文字游戏只会让人感到不真诚，而不真诚的本质是不认同。对关键性词汇表述得模模糊糊、不清不楚，这种所谓的“道歉”只会让人看到其虚伪的内心。

就整篇文章结构而言，首段60余字的新闻事件介绍，次段百余字的“安倍谈话”深层含义解读，可谓概括准确，不拖泥带水，值得借鉴。随后，文章从三个方面展开的较有针对性的深入解读更是鞭辟入里，内容扎实，没有给人一种为了证实而证实之感，各处要害都点到为止，拿捏到位，作者这种恰到好处的文字功底是日常知识积淀的结果，是事前准备到位的结果，更是现场应变能力的重要展现。

范文五

国平："私谊外交"为中国外交增添新亮色

作　　者：国平

首发媒体：央视网（2015-10-23）

原文链接：http：//opinion.cntv.cn/2015/10/23/ARTI1445608067382401.shtml

契克斯别墅家宴漫步，小镇酒吧尝黑啤……国家主席习近平的英伦之行不仅成果丰硕，而且创造了两个外交新纪录——这是中英两国领导人首次举行不打领带的"庄园会晤"，这也是习主席首次和外国领导人一起泡吧畅聊。而这，续写了习近平主席"私谊外交"的新篇章，为中国外交增添了又一道充满人情味的温馨亮色。

在有着深厚历史积淀的契克斯别墅，习主席同卡梅伦一起散步，进行了长达4个半小时的小范围会晤。除了烛光家宴，习近平和卡梅伦还走进别墅附近一家名为The Plough at Cadsden的酒吧，边饮啤酒，边品尝英国特色小吃"炸鱼和薯条"，并同当地民众交谈。

这创造了中英外交新佳话的一幕一幕，不禁让人想起中美领导人此前举行的"庄园会晤"、"瀛台夜话"和"白宫秋叙"。这种不打领带的非正式沟通交流，无疑是对正式会晤的有益补充，有助于国家关系的稳定发展。

谁说外交只有庄严的仪式、正式的会谈？谁说外交只有盛大的国宴、隆重的签约？回顾这些年习主席出访，这种家庭式、朋友式的聚会与闲聊，为中国外交增添了浓浓的"人情味"。反过来，争相与习主席发展"私人情谊"已成为国际外交舞台的潮流，与习主席称兄道弟成为国际领导人俱乐部的新时尚。

还记得，习主席首次出访，与俄罗斯总统普京在克里姆林宫围炉夜话，后来又在巴厘岛APEC会议上专门给普京送上生日蛋糕。普京曾向媒体表示，我与习近平主席意气相投，惺惺相惜……

还记得，去年访问印度，习主席身着印度传统夹克，与莫迪总理在萨巴玛蒂河畔信步闲聊，两位领导人坐在甘地使用过的纺车前纵论天下；前年习主席访问哈萨克斯坦，纳扎尔巴耶夫总统打破常规，主动提议乘坐中方专机，与习主席共在万米高空共进早餐，促膝相谈……

还记得，这些年习主席出访哈萨克斯坦、塔吉克斯坦、马来西亚、韩国、蒙古国等国家时，家宴款待成为“标配”。访中亚，塔吉克斯坦总统拉赫蒙在官邸花园亲手摘下一颗果实递给习主席品尝；访问蒙古国，额勒贝格道尔吉总统夫人亲自下厨掌勺……

“私谊外交”不囿于外交礼仪，拉近了领导人之间的距离，有利于促进国与国之间的关系。翻开世界外交史册，丘吉尔与罗斯福，普京与德国前总理施罗德，都是拓展“私谊外交”的典型，甚至因此影响着世界格局和国与国关系的走向。

“私谊外交”展现了领导人自身的人格魅力，体现了国与国之间的深切诚意，是外交史册上不可或缺的彩页。当下，多国领导人纷纷与习主席发展“私谊外交”，一方面表明中国在世界舞台上的分量越来越重，另一方面也表明习主席的个人风采与领袖风范赢得了普遍的尊重与欢迎。

喜欢你，所以喜欢你的国。领导人出访，举手投足都是外交。究其根本，私谊外交只是表象，其内核还是为大外交服务。在烛光晚餐和月下漫步的氛围之中，领导人畅聊更有利于让对方了解、理解本国政策举措，更有利于共话双边合作与发展，更有利于为国际热点问题找到新解决方案。这次契克斯别墅“庄园会晤”，中英两国领导人就诸多问题深入交换意见，其时长超过外界预期。而这，是对构建中英面向21世纪全球全面战略伙伴关系、开启中英关系“黄金时代”的最好注脚。

解　析

这篇文章风格轻松，没有一般评论性文章激烈的观点碰撞，也没有一般外交新闻采写的那样按规守矩，表达接地气，富有文学色彩，给人娓娓道来之感，让我们看到了硬文章软着陆的现实体现，使读者在轻松阅读的同时，仍然可以准确体会到这篇文章所要表达的主旨。

文中更是抓住了首次举行不打领带的“庄园会晤”、首次和外国领导人一起泡吧等细节，有感而发，言之有物，让人们有一种领导人在公共场合是领导、私下场合是朋友的感觉，由表及里地指明了“私谊外交”的内核是为大外交服务，文章在展现我国领导人个人魅力的同时，更折射出我们国家的魅力。

“谁说外交只有庄严的仪式、正式的会谈？谁说外交只有盛大的国宴、隆重的签约？”反问句的运用，更加坚定地回答了“私谊外交”是正式会晤的有益补充。

而三个“还记得”的排比段，使事件的画面感进一步增强，更加形象，为受众自然而不生硬地回顾了近年来习近平总书记“私谊外交”的点点滴滴，更为后文提出“私谊外交”在促进人与人关系的同时也有利于促进国与国之间的关系做了铺垫。

范文六

与中国“接轨”，将是一种潮流

作　　者：高望

首发媒体：国际在线（2014-07-16）

原文链接：http：//news.cri.cn/gb/42071/2014/07/16/2165s4617070.htm

在“走出去”方面，中国铁路是最近中国经济外交中最亮丽的名片，没有之一。作为“超级推销员”的李克强总理对中国铁路特别是高铁的推荐向来都是不遗余力的。之前，从匈塞铁路到蒙巴萨—内罗毕铁路项目已经掀起一阵热潮。近日，习近平主席顺访希腊后飞赴巴西参加金砖国家领导人峰会。在这期间，两国政要都表示将积极寻求与中国开展铁路项目上的合作。中国铁路的国际知名度和美誉度正在不断提高。

不过有一条被忽视的新闻或许更能引起关注中国铁路人士的兴趣。据泰国华文报纸《星暹日报》7月11日消息，泰国国家维和委员会拟拆除米轨铁路，将铁轨宽度改变为1435mm，并将昌孔—春武里府林查班港线作为中泰物流运输试点。委员会还下令铁路机构在3个月内研究优缺点，预计项目建设费用将不低于50亿铢。

这则新闻给我们带来的冲击相当强。不过，我们也应当知道做出将铁路“改軔换代”的决定并不容易，因为铁路技术改造的投资十分巨大，收益期非常滞后，工期也相对漫长。当年，中国为了把阎锡山留下的南同蒲铁路从窄轨升级为准轨并与全国铁路联网就用了10多年时间。

然而一旦泰方正式决定把境内铁路的轨距从窄轨换成标准轨，未来中国铁路从云南延伸至老挝并最终与泰国铁路连接将不存在换轨的问题，这将大大节省物流时间和成本，有利于中泰之间的贸易和泰国自身经济的发展。从更长远的角度说，曼谷南部的林查班港未来将承担中国集装箱及大宗商品的中转业务，这对中国提出建设"海上丝绸之路"的规划将有强烈的提振作用。

中国是世界贸易大国，但是与周边国家的陆路贸易并不顺畅。中国与印度、巴基斯坦间受制于崇山阻隔，并无铁路相连，而公路运输效率也并不高。中国与俄罗斯、蒙古、哈萨克斯坦之间尽管有铁路连接，但中国铁路采用的1435mm的标准轨距，而俄罗斯等国采用的是1520mm的宽轨轨距，轨距不统一带来了运输方面的极大不便。中国相继在绥芬河、满洲里、二连浩特、阿拉山口、霍尔果斯等地建立了换轨站点，为接送列车提供换轨作业，这大大提高了运输成本和时间，但也是建设"丝绸之路经济带"交通方面的巨大制约和瓶颈。

在这个时候，泰国方面传来这一消息的意义不言而喻，中国铁路的成功已经不仅仅在于努力开拓海外市场寻求项目建设，更重要的是当中国高铁横空出世后，形成了从线路技术、桥梁隧道建设、通信信号系统到动车组、机车车辆在内的一整套中国自己的铁路标准体系，可以进一步对外提供增值服务，增强中国在这方面的话语权。世界银行近期发布的一份题为《中国高速铁路：建设成本分析》的报告称，中国的高铁建设成本大约为其他国家的三分之二，而票价仅为其他国家的四分之一到五分之一，这无疑令中国铁路在国际上具有极强的竞争优势。

尽管中国高铁目前尚未接到实质性订单，但中国铁路的海外拓展趋势已不可阻挡，这大力推进了中国经济外交。中国这几十年来一直寻求与世界接轨，从中获益良多。当中国迅速崛起之后，与中国"接轨"已经成了一些国家的现实选择，这也是十分正常的。泰国的选择表明，破除铁路轨距藩篱不仅缩短了两国间的空间距离，这些国家更是被主动纳入了中国经济辐射的半径。我们相信，做出这样选择的国家会随着中国实力的进一步增长越来越多。

解　析

文章标题一语双关，好记的同时让人更好地理解了文章内涵。"一条被忽视的新闻"又该如何被重视？心细的作者从泰国铁轨宽度改变的小细节看到了中国铁路、中国发展对于世界的影响。并借此分析了中国铁路未来的发展方向，使文章兼具专业性与可读性。

优秀的评论在于观点鲜明，所谓“鲜”是新鲜，本文虽没有华丽的语言表达，没有庞大的事件依托，但把常人看得到却没有总结出的内在关联进行了逻辑清晰的归纳，有其创新之处。因此，本文立意之初便给人留下了深刻印象。

而大量关键性资料的运用，把发展铁路的重要意义一一呈现，一条铁路背后是“一带一路”等倡议的深入民心，道出泰国不惜花费巨大资金投入，要将铁轨改造为与中国接轨的标准轨，背后要表达的是因为其看好与中国长远的合作，这其实是泰国对中国的巨大信心，并且不仅是对中国建造铁路实力的信心，更是对中国未来经济发展的一种信心。

此外，该篇评论的主题也符合国际在线外宣平台的定位，有利于将中国的好故事、好形象进行国际性展示，对“一带一路”邻国的借鉴意义不言而喻。

范文七

中国维护国际秩序不是为一己之私

作　　者：苏晓晖

首发媒体：新华网（2015-04-01）

原文链接：http://www.xinhuanet.com//comments/2015-04/01/c_1114808500.htm

近年来，对国际秩序的讨论不绝于耳。西方舆论炒作美国领导力相对下降，担心中国有挑战当前国际秩序的倾向。对此，中国已明确表示，将做当代国际秩序的维护者。

当代国际秩序是以联合国为中心的国际秩序。《联合国宪章》明确各国主权平等，内政不容干涉，领土完整必须确保，倡导和平解决争端，禁止使用武力或以武力相威胁，合作消除安全威胁。《联合国宪章》建立起止战维和的保障机制，规定了联合国各机构以及会员国的权力、责任与义务，授权安理会担负起维护国际和平与安全的主要责任，规定强制行动由安理会授权，用集体安全机制替代传统的军事结盟，取代过时的丛林法则。因此，以联合国为中心的国际秩序旨在消弭战祸，符合世界各国人民的根本和整体利益，为维护世界的稳定与安宁发挥着不可或缺的作用。

中国外交遵循这些基本原则。中国提出的构建中美新型大国关系、“亲诚惠容”的周边外交理念、新型国际关系、全球伙伴关系网络、亚太梦等外交理念致力于维护世界和平，促进共同发展。其中，中国倡导的以合作共赢为核心的新型国际关系，是对《联合国宪章》宗旨和原则的继承，也是创新和发展。中国主张对话而不对抗，结伴而不结盟，以同舟共济取代零和博弈，以共同发展超越赢者通吃。中国的外交思想和理念为维护当代国际秩序发挥了积极作用。

中国外交反对破坏战后国际秩序的图谋。近年来，针对日本否认、歪曲甚至美化侵略历史的行径，中国坚决反对。今年是世界反法西斯战争胜利70周年，中国要与国际社会一道，维护“二战”胜利成果和战后国际秩序及一系列国际法，以维系人类持久和平。

中国外交展现负责任大国形象。尽管当今世界和平与发展仍然是时代主题，但不太平，动荡、冲突、危机等不稳定因素明显增加，甚至有人形容当下为“失序”的世界。中国始终坚持和平发展道路。同时，中国积极参与解决一系列重大热点问题，在朝核、伊核、南苏丹、叙利亚等地区热点问题的处理过程中秉持公正立场、发挥了稳定作用，在应对气候变化、抗击传染病、推动联合国发展等国际事务中扮演建设者角色，为维护国际地区的和平稳定做出了贡献。作为联合国安理会常任理事国，中国一如既往地支持联合国的工作。

中国外交还要发挥主观能动性，积极参与国际秩序改革。改革不是推倒重来，也不是另起炉灶，而是根据国际格局和形势的变化对现有秩序进行完善，目标是推动国际秩序朝着更加公正合理的方向发展，且不有违于国际秩序的核心内容。

中国维护当代国际秩序，不为一己之私，更非权宜之计。让世界变得更平等、更和谐、更安全，应该是各国共同奋斗的目标。

解　析

本文标题即抛出论点，文章开头便提出，中国要做的是当代国际秩序的维护者而非领导者，这也直截了当地回应并否定了西方一些别有用心的国家所提出的“中国威胁论”。

中国的做法是否为一己之私？全文从中国外交遵循的选择、反对的图谋、展现的形象等多角度论证，明确阐释了中国在维护国际秩序中的态度与做法，简短的几段文字详略得当、要点清晰，避免了因内容冗长而给读者进行给网络阅读造成不便。

在此基础上，作者更是用递进的方式强调中国外交除了依法依规参与维护国际秩序以外，更应该积极参与国际秩序的改革，并表明立场，强调这样的改革不是推倒重来，而是进行完善，且目的只有一个，就是“推动国际秩序朝着更加公正合理的方向发展”。

全文论据客观，有理有据，文字虽短但并没有影响文章的说服力，其原因在于作者各观点的表达均围绕《联合国宪章》展开，使得文章中心内容明确。文章着力点的选择恰到好处，起到了较好的政策解读作用。首尾呼应的方式在前有伏笔后有照应的过程中起到了重申论点、强调立场的作用，读者读完通篇文章后会感到环环相扣，衔接紧密，整体感较强。

范文八：

朴总统，别让“萨德”折腾韩百姓了

作　　者：劳木

首发媒体：环球网（2016-08-26）

原文链接：http: //opinion.huanqiu.com/opinion_world/2016-08/9361824.html

为部署“萨德”系统头痛不已的韩国当局似乎乱了方寸，有些“病笃乱投医”的味道。据韩媒8月23日报道，韩国防部将把“萨德”系统原定部署地点由星州郡改到别处，其中包括金泉市附近的一处高尔夫球场。消息一出，就遭到该市民众的强烈抗议。

这是意料中的事。星州郡百姓反对在他们那里部署萨德，担心污染和辐射是公开的理由。实际上，他们更怕这会引火烧身，让这里成为外国导弹瞄准的靶心。他们也反对当局的独断专行和无视国家安危的态度。对金泉市民来说，星州郡阻止部署“萨德”的理由他们一样也不少，还会加一条：把别处不要的东西扔给我们，是不是看我们好欺负？看来，韩国当局要给“萨德”找个落脚之地，不那么容易，更多韩国百姓将被折腾。

任何不带偏见的人都清楚，部署“萨德”对韩国有害无益。“萨德”挡不住朝鲜万门远程大炮，这说过一万遍了。24日，朝鲜发射一枚射程达500公里的潜射导弹，更佐证了部署“萨德”没用。有专家指出，朝鲜潜艇在韩国周围转悠，它真要发射导弹，“萨德”无力应对。

青瓦台硬要在韩部署“萨德”，只能表明其对朝鲜政策的失败、对“哈美外交”愚蠢的死硬。近些年，美国拉上韩国，不停地在半岛周围搞军演，对朝鲜实行高压政策。美国的意图很明确：刺激朝鲜反弹，给美国提供口实，让它好“明正言顺”地守住这块全世界仅存的冷战阵地，也使它的重返亚太战略在东北亚开花结果。傻帽的韩国得到了什么？是南北对立加剧，是朝鲜拥核取得长足进展，令韩国倍感“北方威胁”，以至于手足无措，心智迷失，用同意美国部署“萨德”，换取对方的安全支持，无视这会给国家带来的危害。

要讲危害，抛开韩国丧失地缘政治优势、同主要邻国“化友为敌”不说，更可怕的危害是这会造成韩国社会撕裂。其撕裂是广泛的、深刻的、严重的，波及执政党与在野党，执政党内部以及不同的利益阶层。这种社会危机，无疑是国家安全最大的潜在危险。

导致社会分裂的事，青瓦台干过不止一件。2015年12月，韩国同日本就慰安妇问题达成协议，日本答应出10亿日元（约合830万美元）设立韩国慰安妇援助基金，韩国则承诺“问题得到最终不可逆转的解决”。强征慰安妇是日本犯下的反人类罪行，这不仅是韩日之间的事，也涉及中国、朝鲜、东南亚国家甚至荷兰。正确的做法是相关国家共同向日本施压，迫使其彻底认罪，公开道歉，认真赔偿。韩国向日本妥协献媚的行为受到国际社会的批评，也遭到半数以上韩国民众的抗议，认为“协议是对受害者和国民的背叛”“政府为了10亿日元就把我们出卖了”。

韩国民众心齐被认为是韩国发展快的一个重要原因。当年亚洲金融危机时，韩国经济遭到重大打击。政府一号召，韩国百姓就自愿把家中的黄金首饰等捐献出去，帮助国家解决困难。这种民众共赴国难的行动曾为国际社会所称道。可是今天，如果要问，被当局的错误决策折腾得社会撕裂的韩国，历史的一幕还会重演吗？因拍板部署“萨德”而民望被销蚀的朴槿惠总统，怕是已经没有一呼百应的号召力。

毫无疑问，决定部署“萨德”是朴槿惠总统的一步臭棋。如果她愿意“悔棋”，相信广大韩国民众和邻国会表示欢迎。实际上，“悔棋”是她应迈出的正确一步。这可以使她作为有民族尊严的总统让人记住，而不是背个令国家屈辱和撕裂的恶名被写进史册。

解　析

文章选题虽是发生在韩国的部署“萨德”事件，但因其与周边国家有着千丝万缕的联系，因此较容易引发受众关注。同时，本文角度独特，并没有一味站在中国等周边国家的立场阐述此事，避免了主观之嫌，而是站在韩国群众的角度分析朴槿惠决定部署“萨德”，立意“别让萨德折腾韩百姓”，这种站在百姓立场的论调更有亲近性。而从文章内容看，则更多表现了韩国民众对于部署“萨德”的看法和态度，使文章的表达更为客观公正，让受众阅读起来更加贴近现实。

在阐释“萨德”有害无益时，文章一方面用民众的反馈说明“萨德”不得人心，一方面用朝鲜的实例佐证了“萨德”的无用，从而有力地批评了时任韩国总统朴槿惠不明智的错误决定。

同时，文中“傻帽”一词，用得可谓巧妙，并无污蔑之意，反而是好友间一种对单纯幼稚的善意称呼，把作者又生气、又着急的心态表现得淋漓尽致，更让随后的表述亲近了几分，也符合网络轻松的阅读氛围。

得民心者得天下，文章尾声，作者一语中的，指出韩国民众心齐被认为是韩国发展快的重要原因，而因为“萨德”，韩政府已经渐渐失去了民心。这样的担忧通过金融危机时韩国民众捐献家中财务的铺垫自然而不突兀地展现出来，在对比中表达了韩政府错误决断所带来的严重后果。文章结尾为朴槿惠指出正确道路，观点明确，有理有据，传达出希望韩国向利好方向发展的愿景。

范文九

美国“例外论”引导美国走上歪路

作　　者：冯创志

首发媒体：中国网（2016-08-07）

原文链接：http: //opinion.china.com.cn/opinion_62_151762.html

根据外媒最新调查显示，三分之二的美国人认为美国走上了歪路，他们对美国政治、社会、治安等各种情况愈发不满。美国人对于美国的未来似乎变得越来越不乐观。“清晰政治”网站最新的民调结果显示，68.9%的受访美国人认为美国当前处在了错误的轨道上，仅有23.1%的美国人认为美国处在正确的方向上。这个动向令人玩味。

说“美国当前处在了错误的轨道上”，其中表现之一是暴力犯罪上升。近日公布的美国中期暴力犯罪调查显示，2016年截止到目前，美国全国已经发生307起谋杀事件，案发地点包括全美最大的城市，例如芝加哥，洛杉矶和纽约。相比2015年同期，2016年截止到目前发生了约1,000起抢劫事件，约2,000起恶意攻击事件，以及约600起枪击事件。警察被枪击事件也不断增多，2016年上半年受枪击的美国警察数量较去年同期上涨78%。与此同时，美国经济持续下滑，美国耐用品订单在6月再次下滑，盖洛普美国经济信心指数刚刚刷新最低水平。当前美国有4,300万人需要领取救济食物。政府债务持续增加：美国国家债务已经达到惊人的19.4万亿美元。奥巴马入主白宫后，政府债务每年平均增加1.1万亿美元。与此同时，民众认为美国社会正在以多种不同的方式分裂。

美媒感叹，大部分美国人知道美国国内已经出现问题。总统大选的畸形表现令人们看到了美国已走上歪路。

68.9%的受访美国人认为“美国当前处在了错误的轨道上”，这意味着公众对美国社会丧失了信心，意味着公众与政府处于脱离甚至对立状态，意味着更应警醒执政者从执政体制内政外交方针的角度去反思问题。面对今天的美国，世人疑问，一个国民如此勤奋的国家，一个资源如此丰富的国家，一个拥有全球人才精英的国家，一个地缘政治优势无与伦比的国家，何以被后天禀赋远不如它的中国迎头赶上?

但美国政客们从不认为美国社会出了问题，总认为美国是“例外国家”。支撑这种“例外思维”的是美国人经常炫耀的所谓全世界“唯一正确的美国价值观”。

美国“例外论”的概念认为，美利坚合众国与美国人在世界上地位独特；因其为人类提供机会与希望，由注重人身与经济自由的宪政理想所治理，衍生出独一无二的公私利益平衡。所谓“美国例外论”其实质就是认为美国是世界超级大国，无须遵守联合国宪章和国际法，其目空一切的思维也很明显。比如，美国至今没有加入国际海洋组织，却不时对南海事务指手画脚。奥巴马甚者表示要当“美国首个太平洋总统”。

“美国例外论”在美国主流文化中根深蒂固，对美国人处理与外部世界的关系产生了很大的影响，在很大程度上成为美国文化向全球扩张的意识形态根源。今天的美国，权力的产生是通过民众的间接选举（美国和欧洲绝大多数百姓尚不能直选国家领导人）。但权力的运用却要依赖资本。2008年奥巴马竞选时，曾信誓旦旦地向全国声明，如果他胜选，政府一个说客都不会任命。结果，他当选后，一半的人选都是游说者。由此可见其势力之强大和无孔不入。所以，不难理解，何以欧洲百姓普遍认为美国并不是民主国家，而是一个“钱主”国家。19世纪美国著名作家梅尔维尔的作品则更加生动形象地体现了托克维尔提及的清教精神。在《白鲸》中，他写道:“我们美国人是上帝独一无二的选民，我们是现时代的以色列人，我们驾乘着世界自由的方舟。70年前我们从奴役中逃脱出来，我们怀抱着一整个大洲，这是我们第一项与生俱来的权利，除此之外上帝还将政治统治宽广领地上的异教徒的任务交给我们，作为将来的遗产。我们将他们荫蔽在我们的方舟之下，而无须双手沾满鲜血。长期以来，我们一直怀疑我们自己，怀疑政治上的弥赛亚是否真的已经到来。如果我们宣布他到来的话，实际上他已经来了，那就是我们美国。这恐怕是某些美国人“例外思维”形成的一个文化根源。

美国政界很喜欢引用“美国例外论”，比如，在涉及美国对他国进行干涉遭到舆论批评时，美国一些人总会抛出“美国例外论”进行辩护。对此，2013年俄罗斯总统普京曾公开进行嘲笑。美国南海政策出现重大调整，从不持立场到公开将矛头指向中国，从以外交手段为主到以军事手段为主。南海问题的性质发生了变化，从中国与周边国家单纯的领土主权和海洋权益之争，转向中美之间的战略博弈，从局部海洋问题，转向影响中国安全发展全局的战略性问题。个中“美国例外论”是很重要的思想根源。

美国一向强调“美国例外”论，但在扩张—衰落—再扩张—再衰落的历史规律上，美国不可能例外。这个自命不凡的“山巅之城”和上帝娇子，像历史上的其他帝国一样，一旦登上超级大国的宝座，就同样变本加厉地对外进行军事扩张，对内激化各种社会矛盾，在战后的鼎盛时代就逐步积累了它衰落的全部条件。第二次世界大战刚刚结束，美国置世界各国休养生息、医治战争创伤的紧迫需要于不顾，挟“二战”之余威，发动了一场又一场的对外扩张战争。不算美苏长达半个世纪的全面冷战对抗以及较小的军事行动，从1945年后60多年间，美国穷兵黩武，至少对外发动了30余场规模较大的战争，平均两年一场，包括对朝鲜、越南、柬埔寨、老挝、格林纳达、巴拿马、伊拉克、索马里、波黑、科索沃、阿富汗、利比亚、叙利亚等发动的战争。这种战争频率是可以记入吉尼斯世界纪录的。这里既有金融集团的美元战争，也有能源集团的石油战争，还有军工集团的高技术战争。美国总统有事时第一反应、第一句话是：我们的航母在哪里？航母就是美国的名片，就是美国对外政策的化身，对外战争就是美国的基本生存方式。笔者认为，现在美国人认为美国处在错误的轨道上，他们首先要认清美国“例外论”的误导。

解析

这篇文章深度分析了“美国例外论”给美国发展带来的巨大负面影响。标题鲜明简练，观点明确清晰，逻辑严密坚实。本文论证角度更是多元，有数据分析、有美国媒体评述、有引入知名作家作品阐释美国“例外思维”的文化根源等，论证过程立体而不单一，其作用就是加强了说服力，是该文的亮点所在。

其实，评论的说服力源于客观、源于真实，论证过程以及采用的论据绝不应是自说自话，而应该更多引入第三方数据及当事者的自我评价。本文在这一点上运用十分得当，比如，在论证美国民众也认为本国走上了错误轨道时，引用两家以上外媒的调查数据，相互佐证，让人感到论据不单一、不片面。同时，本文在评价美国时局时也引用了美国本土媒体的感叹，这样的论据选取更为客观、公正。

在冲突设置上，本文通过摆事实的方式将美国普通民众和美国政客们的看法进行比照，突出了二者的分歧，并列举了大量相关实例以支撑文章论点，作者的论断与数据相互呼应。

范文十

土耳其未遂政变考验美土关系

作　　者：张敬伟

首发媒体：中国网（2016-07-21）

原文链接：http://opinion.china.com.cn/opinion_66_151466.html

土耳其未遂军事政变在土国持续发酵。

关于政变原因，舆论场有多重解读：如土耳其面临内政外交和反恐的多重困扰，作为世俗主义和民主制度捍卫者的军队要解救土国民众于水火；如埃尔多安多年执政，为了权力改变国家政体，个人独裁色彩浓厚； 坊间亦有传闻称未遂政变是埃尔多安自导自演的权力游戏，以便利用政变来强化自身权力。

当然，亦有舆论认为这次未遂军事政变和美国脱不了干系。这似乎也不是空穴来风——未遂政变被挫败之后，埃尔多安总统宣称流亡美国的宗教人士居伦是政变的幕后策划者。更重要的是，美国还封锁了美军驻土耳其的因吉尔利克空军基地。此外，观察家们还注意到，在埃尔多安好不容易稳定国内局势后，并没有向盟友美国求助，反而和不久前还恶言相向的俄罗斯总统普京通了电话。这些都昭示着土美关系发生了变化。

对于土耳其和美国的"生分"，克里国务卿倒是首先进行了辩解，他一方面强调美国没有介入土耳其军事政变，另一方面也强调会配合土耳其解决相关问题。但可以肯定的是，在没有确切证据之前，美国不可能向土耳其引渡居伦。

土美关系发生的小插曲，也许只是茶壶里的风波。但是美国不喜欢埃尔多安却是事实，美国对于土耳其关闭而且断电美国军事基地的做法也会备感愤怒。这不仅影响了美国打击IS的反恐大局，也会造成美国对土耳其和IS有勾连的想法。长期以来，俄罗斯就怀疑土耳其和IS存在着地下石油交易。但是由于美国和土耳其是一个战壕的战友，美国自然是站在土耳其一边。现在，如果埃尔多安任性到底，不配合美国反恐，美国也不会善罢甘休。

美土关系，除了都是北约成员，双方在中东反恐和应对俄罗斯的地缘政治博弈上存在共同利益。但是两国在居伦、库尔德问题和应对叙利亚危机等方面也存在着尖锐矛盾。尤其是库尔德问题，美国将库尔德视为打击IS最有力的地面武装，因而对其提供了军备支持。但是库尔德的壮大，却对土国构成了严重威胁。

更重要的是，埃尔多安的正发党执政多年，贪污腐败盛行，加之埃尔多安偏执的个性，美欧等西方社会都不喜欢这位充满个性的领导人。尤其是正发党浓厚的宗教色彩，更让西方世界充满忌惮。在和俄罗斯的军机事件中，埃尔多安和普京对碰的个性，也让北约捏了一把汗。

加之土耳其多年以来加入欧盟的努力到头来换了一场空，土耳其同美国和欧洲的关系变得比以往任何时候都吊诡和脆弱。正如埃及军事政变为美欧所乐见一样，也许在美国和欧洲的盘算里，他们真的希望军方政变成功，以确保土耳其的世俗民主主义得到维护。

当然，美土关系固然生变，也不会糟糕到不可收拾。毕竟，双方都属于北约成员国，有着共同的安保利益。更要者，“一战”后独立的土耳其，在凯末尔主义的引领下，脱亚入欧和实行世俗民主主义已经深入人心。本次军事政变与其说是被埃尔多安和他的正发党所挫败，还不如说是土耳其人民不希望国家重现军人干政。在该国历史上，曾经有两次军人政变和两次军人干政，这严重影响了土耳其的国际形象，也干扰了民众的正常生活。

虽然正发党有宗教倾向，埃尔多安总统也有权力野心，暗示土耳其民主政体并未发生逆转，世俗主义也亦然是社会主流。在此情势下，一个不那么理想的民选政府，也好过标榜世俗和民主的军人政府。

而且，土耳其人依然有一颗欧洲心，也希望国家加入欧盟。在此民意基础下，埃尔多安也不敢放弃和西方的密切关系而向东看。加之IS也已经成为土耳其最可怕的敌人，一年近10次的恐怖袭击也让土耳其不堪其扰。因而，土耳其只能加入美国、欧洲和海湾国家组成的反恐联盟中去。

但是美土关系发生波折是必然的，两国围绕居伦的口水战也不会暂时停歇，土耳其还会利用关闭美国驻土军事基地以表达立场。但这都是暂时的，美土同盟关系不会有根本变化。

解　析

本文针对土耳其未遂军事政变这一当时国际社会关注的热点展开评论，全文例证清晰，逻辑紧密，似乎缺少了哪一段落都不能完整呈现美土关系的内在博弈，因此整体感较强。这也符合受众接收信息不满足于知其然，更想了解其所以然的期望。

土耳其的内部矛盾一直都存在，与其他国家的关系也十分复杂。但作者的思路丝毫不乱，用易于理解的语言对土耳其政变及其与美国的关系做了详尽的分析，表达不生硬。文章引用资料充足，以事实为基础对新闻事件进行解读，让很多复杂的问题简单化。更通过双方是北约成员、在中东反恐和应对俄罗斯地缘政治博弈上的共同利益，以及美国不喜欢埃尔多安、土耳其未能加入欧盟等例子清楚地力证了美土之间既“存在共同利益”，也“存在尖锐矛盾”。

在一系列论证之后，当受众以为美土关系已到了非常尴尬的境地之时，作者话锋一转，表明立场，认为“美土关系固然生变，也不会糟糕到不可收拾”，与文末说美土关系发生波折是必然但不会有根本变化形成呼应，为美土复杂关系梳理出一条清晰的脉络，在一系列事件的表象下看到了事物本质，帮助受众深入地认清了美土关系。

讨论题与练习题

一、讨论题

1. 网络国际新闻评论的背后往往是不同国家意识形态的博弈。你如何看待意识形态的博弈对国家安全的影响？

2. 当今世界正处于百年未有之大变局，中国所面临的复杂国际舆论环境正是这变局的组成部分之一。以新冠肺炎疫情的爆发和蔓延为例，我们应该如何发挥网络国际评论优势，为中国在国际舆论场赢得一片天空？

二、练习题

1. 结合同一个国际新闻热点，在传统纸媒和网络媒体相关评论中各选取两篇评论文本，比较分析写作风格上的相同与差异。

2. 以2020年我国决胜脱贫攻坚为关注点，搜集人民网、新华网、中国日报网等中央级新闻网站相关评论内容，观察文章分别从哪些角度进行了立论，并梳理其中用到哪些较有说服力的内容帮助全球了解真实的中国发展。

3. 选取某个较受关注的国际新闻，尝试从不同角度提炼至少三个论点,分别拟出网络国际评论标题。

4. 从主流报纸媒体选择一篇国际新闻评论作品，尝试换角度、换文风进行改写一篇，使文本既更具网络语言特色，同时又不违背基本的语法规律和价值导向。

5. 针对一篇外媒对于中国的歪曲报道，基于相关事实，试写一篇网络国际评论进行回应。

Chapter 2

第二章　网络时事评论

▶ 第一节　网络时事评论概论
▶ 第二节　网络时事评论文本解析

第一节　网络时事评论概论

网络时事评论凭借网络媒体互动、快速、高效、大容量等优势，使得评论的内容空前广泛，形式多种多样，交流十分及时。这种新闻评论既包括网络媒体自身在网络上所发出的声音，也包括网民在网络上对某一新闻事件或现象所做出的评价和发表的意见，还包括某些专家、学者针对某一事件或社会现象做出的分析和评论。它既吸收了传统新闻评论的长处，又运用了先进的网络技术，不断地丰富着新闻评论的内涵和外延，成为目前最为开放、意见表达最为快速的媒介评论。一些网络评论栏目及其发布的时事评论多次获得中国新闻奖，如人民网的《观点》、湖南红网的《红辣椒评论》、湖北荆楚网的《东湖评论》等，说明网络时事评论已经走向成熟和专业化。

一、网络时事评论的概念及其内涵

要想学习、理解和撰写网络时事评论，首先需要对它的概念有一个准确的理解。笔者查阅了目前的相关研究成果，尚未发现对“网络时事评论”的专门诠释。综合有关研究网络评论的文献以及网络时事评论文本自身，笔者综合考量，将“网络时事评论”定义为：以时事新闻事件或当前事态及其相关人物为言论对象，首发于大众网络媒体的具有完整文本的评价性意见。

根据本研究的定义，对于“网络时事评论”这个概念的内涵，有必要澄清以下三点：第一，考察的视域应该集中放在具有大众传播意义的网络媒体上面，而不是将自媒体等网络平台纳入范畴；第二，注重评论文本的相对完整性，真正意义的评论不能只是表达观点的一两句话、一小段文字，而应该是有观点、论据和论证过程的完全文本，新闻跟帖等只言片语的评价性意见应该排除在外；第三，评论的对象是时事政治领域的新闻事件，有些评论可能与其他领域交叉在一起，但是主要目标面向时事政治问题。因此，大众传播、完整文本、时事政治范畴是“网络时事评论”内涵的核心，理解了这三点，就能很好地掌握这个概念。

关注时政新闻，以此为素材，写出观点、写出思想、写出倾向，这就形成了网络时事评论。这种文体在宣传党的声音、引领社会风尚、通达社情民意、化解社会热点、疏导公民情绪、加强舆论监督等方面都能发挥作用，要点是把握好舆论引导的时机、节奏和力度，从群众关注点入手，科学解疑释惑，有效凝聚共识。网络时事评论不仅应以其特有的视角和特定的方式对社会事件进行解释和分析，还应以其正确价值观影响和引导社会公众。这种文体传递各方声音，起到了让公众与政府互动的桥梁作用；同时可以传扬社会主义核心价值观，继承、扬弃、整合和创造文化形态，潜移默化地影响和塑造社会大众的精神操守。

二、网络时事评论的特点

网络时事评论与传统时事评论都具备新闻评论的一般特征，如新闻性、政治性、群众性、社会责任感等，但网络时事评论也有其自身的特点：

（一）表现出即时参与的连续动态性

网络时事评论是一种连续动态的评论。传统新闻评论一般是静态的评论，在时间和空间上具有一定的间隔性。互联网为网民就时事新闻发表和交换意见提供了无形的场所，网络时事评论强大的互动性，吸引了大量的网民参与，从而就某一问题形成连续、动态的评论。网络时事评论的连续动态使其时效性大大增强，由于传统媒体在制作工序、硬件设备等各方面的限制，时效性远不如网络。全天候的滚动新闻是网络媒体独有的新闻形式，在网络上，新闻文本的时间已经细化到了几分几秒，网络时事评论借助着网络传播的即时性实现了无时不评。

（二）表现出传受双方的交互性

网络是一种双向交流的媒介，任何一种网络终端设备既是接受工具又是传播工具，这使得受众不用借助其他的媒介，直接通过网络就可以与上网者进行交流。网络时事评论突破了传者和受者的角色界限，使受众在传播过程中越来越占据主体地位，真正成为传播的主体。人们借助电脑和手机，既可以读，也可以听，还可以看，特别是对感兴趣的信息，可以下载、录音、录像，还可以进行存储、整理、评说、复制、剪裁，并可以自由地调用和发送信息，更接近自然的人际传播，使传统媒体带来的传播距离感大大减小。

网络时事评论是发挥网络互动功能、增强网民参与意识、了解社情民意、加强舆论引导的重要手段。网络比传统媒介更能充分提供足够的、透明的信息，更适合受众深层次的记忆性、启发性、对话性信息接收需求，能满足受众充分的参与性和掌握话语权的需求。交互式手段将过去主要通过民间渠道传播的声音引向了主流渠道，使民意的表达更加畅通。可以说交互式手段为新闻机构了解民意、为社会各阶层的互动提供了一个非常有效的窗口。

（三）增强了意见表达的多元性

网络时事评论服务于公众的表达权，其所形成的网络空间符合社会主义民主政治的要求。网络以最先进的计算机技术作为后台支持，为公众的言论自由和表达自由提供了前所未有的空间，提倡多元的思考，为现实社会提供了舆论多元的氛围。与此同时，提倡多元化的思考并非是让新闻媒介放弃自己的主体价值判断，而是要综合各方面意见，在把握事实的基础上，做出与时代精神相符合的、与时代同步的价值判断。

宁波老虎咬人事件发生后，网上的说法和评论文章印证了这种多元化。有“挺虎派”网友出来喊冤：老虎凭自己本事咬人，凭什么被击毙？对于死者是一句话：不守规则，活该。有批评“挺虎派”的，认为面对这样的惨剧，不宜摒弃基于人本原则的起码悲悯。有同情被咬者的，认为逃票者的行为是贫穷导致的，为妻儿买票，自己却以身试虎。有追究动物园责任的，动物园必须证明自己尽到了管理职责，这种职责是监管和安全保障，而不只是提醒。

（四）对某一主题形成强势传播效果

网络媒体的一个显著特点是容量巨大，可以容纳众多信息，而且采用超链接的形式，可以将同一主题的新闻评论链接起来，从而对某一主题形成强势传播。使其不再是单一的一条新闻，而成为一组融新闻、评论于一体，多角度、多侧面的立体化的评论。这样的评论比起单一的新闻事件更易引起人们的注意，也能达到更好的传播效果。

三、网络时事评论的社会功能

（一）传导民意、聚集舆论

网络时事评论反映了民众的意愿与呼声，它在一定程度上成为有关职能部门的民意调查场所，成为上下沟通的桥梁。网络的隐秘性促使人们在网上实话实说，真正表达了网民的心声；网民的地域分布、行业分布乃至阶层分布都很广，评论中能够听到多元化的声音；同时它赋予了普通公众包括弱势群体、边缘群体以话语权。

例如收进本书的评论文章《法律如不能保民，同样不能保官》，分析了贵州省道真县委副书记熊祖模获刑11年、重审后检方撤诉一案。物证显示不可能出现的事情，当事人在审讯时口供“高度一致”，这多少都能让人们猜测到审讯时的环境、办案的程序。而还未到终审定案，地方政府就开始在政治上盖棺定论的情况，也从一个角度展示出了公权机关到底是怎么看待司法程序的。有过类似经验或者仅仅读过同类新闻的人，大概都会明白这种审讯环境、执法程序、权力对法律的态度在中国基层的普遍性。进而担忧各级地方干部对于推动法治改革的热情有多大，对于限权尊法的意义了解得有多深。文章据此提出：法律如果不能保民，也同样不能保官。最后呼吁：法治当然利他，但说到底还是为了保护自己。

（二）是社会情绪释放的阀门

网络时事评论让受众有了宣泄情绪、发表不同观点的场所，起到了“社会减压阀”的作用。社会心理学研究表明，公众及时有效的意见宣泄有利于社会情绪保持在理性水平，以维持社会力量的平衡和稳定。网络评论的部分言论、意见集中反映了百姓切身利益诉求，为他们提供了一个适当的释放空间，有利于化解社会矛盾，增强社会认同感，从而实现疏导、安抚的减压作用。

（三）发挥道德评判的作用

道德是人们共同生活及其行为的准则和规范，它通过社会的或一定阶级的舆论对社会生活起约束作用。道德在维护社会安定团结方面与法律一样起到重要的作用。日常生活中时常会发生虽未触犯法律法规但却有悖公德的行为，人们可以通过网络评论的方式，对身边不文明、不道德的行为进行评判、辩论和谴责，使一些原本要通过法律诉讼解决的矛盾得到妥善解决和处理。

（四）为决策者和管理者治理国家提供参考和依据

网络为网民提供了发表意见、参与社会治理的平台。首先，网络评论为人民参与和管理社会事务提供平台；很多网络时事评论是网民接触社会后，经过深思熟虑写出来的，其来源于实践，更能反映事物的本质并具有深度，因而可以为决策者治理国家提供参考。其次，网络时事评论能为国家政策的贯彻执行开辟道路，并及时反馈政策执行情况。

例如收进本书的评论文章《敏感项目，如何避免中国式“邻避运动”》，讨论了江门鹤山核燃料厂项目带来的“核风波”。文章关注了一种现象：从番禺垃圾焚烧厂事件到北海拒绝核电项目事件，从什邡钼铜事件再到江门鹤山的核燃料厂事件，民众的“邻避运动”一再截停环境敏感项目，极大地考验了政府的执政智慧。随后，作者为此提出了建议：政府在建设环境敏感项目时，应主动让民众充分感受到项目带来的实际利益，以抵消其对可能存在的风险的担忧。首先，地方政府可以借鉴“碳补偿”的做法，建立机制，补偿引进敏感项目的地区。其次，国家对环境敏感项目的布局应更有全局观。应在进行产业规划时，就划定专门区域发展涉核等敏感产业，或许前期投入成本很高，但后期却能形成产业集聚效应，同时也能避免妨害人口密集区的公众利益。

参考文献

[1]殷瑜.网络新闻评论的现状及前瞻性研究[D].成都：四川大学，2005.

[2]殷瑜 汤莉萍.媒介新闻评论学[M].成都：四川大学出版社，2005.

[3]姚永玲.网络新闻评论及其功能[D].北京：中央民族大学，2004.

[4]周灿华.试析网络新闻评论之特点及影响[EB/OL][2007-05-25].人民网.

[5]喻季欣，邢莉莉.网络新闻评论的文本与写作[J].新闻与写作，2012（4）.

第二节　网络时事评论文本解析

范文一

打通“两个舆论场”

作　　者：廖玒、潘健、祝华新、单学刚

首发媒体：人民网（2011-07-11）

原文链接：http://opinion.people.com.cn/GB/15119932.html

一个女孩“郭美美baby”，以“红十字会商业总经理”的名义炫富于微博，引发了一场震动中国红十字会的风波，网络搜索数据超过日本大地震。虽然北京警方的调查表明，郭美美与中国红十字会无直接关联，但中国商业系统红十字会已经暂停活动接受审计。政府背景公益组织的止损点在哪里，焦灼着公众的心。

全国人大常委会表决通过个人所得税法修正案，将个税起征点由2,000元提高到3,500元。有关部门表功说，多达6,000万人不再需要缴纳个人所得税。然而，网民似乎不太领情，发帖调侃：“加税如山倒，减税如抽丝。”在为期一个多月的修正案征求意见中，公众提出了超过23万条意见，创下人大单项立法征求意见之最。

新华社前总编辑南振中很早就注意到，在当下中国，客观存在两个舆论场。一个是党报、国家电视台、国家通讯社等“主流媒体舆论场”，忠实地宣传党和政府的方针政策，传播社会主义核心价值观；一个是依托于口口相传特别是互联网的“民间舆论场”，人们在微博客、BBS、QQ、博客上议论时事，针砭社会，品评政府的公共管理。互联网成为“思想文化信息的集散地和社会舆论的放大器”，改写了“舆论引导新格局”。

互联网上鱼龙混杂，但网民对政府的批评声、对社会的牢骚不满，其中大量的是民众合理的利益诉求，或者说，是在一个健康的市场经济和法制社会环境下，各利益群体正常的利益博弈。

当年，我们党在没有印把子也没有枪杆子的情况下，恽代英办《中国青年》，韬奋办《生活》周刊，周恩来指导《新华日报》，能够鼓动和团结青年、市民、民主党派和民主人士，跟着共产党走；在成为执政党后，宣传鼓动的看家本领不能丢。遇事就简单地封堵民间舆论，是惰政行为。

人民网开通了“领导干部留言板”“舆情会商室”“人民网评”等栏目。人民网总裁兼总编辑廖玒设想：中央重点新闻网站要努力打通两个舆论场，让党和政府的声音进入网络社区，推动互联网上官民的顺畅沟通和良性互动，是新时期“虚拟社会管理”的难点所在和神圣使命。

要“最大限度地激发社会活力，最大限度地增加和谐因素，最大限度地减少不和谐因素”，迫切需要“加强和创新社会管理”。而互联网正是“社会管理创新”的舞台和推手。各级政府普遍把网络舆情监测、突发事件应对、公共关系管理，乃至微博使用列入领导干部的必修课；《人民日报》、新华社、人民网等设立“求证”“来论”“中国网事”“人民网评”等栏目，回应网络热点，澄清真相，梳理情绪，推动政府努力维护社会公正。

打通两个舆论场，需要官方媒体本着中央“三贴近”（贴近实际、贴近生活、贴近群众）的要求，从基本事实的认定到价值判断，乃至话语方式，与网民坦诚交流，形成交集。比如，推动政务公开，特别是突发事件的信息透明，没有真相就没有谅解；触摸民意脉搏，从群众利益角度，体会解决现实矛盾的切肤之痛，增强紧迫感，千万不要与主流民意对抗；抛开习惯的“官话”，学会说“人话”，不要违背经验常识，不要“侮辱网民智慧”。中共“十七大”倡导的保障人民“四权”（知情权、参与权、表达权和监督权），希望首先在官方舆论场也能有通畅的渠道，而在民间舆论场走上理性建设性的轨道。

打通两个舆论场，呼唤民众的理性表达和有序参与，但政府显然负有更大的责任。官方媒体和各级领导干部能否认真反映和倾听民意，化解民怨，疏通和激活体制机制，让社会紧绷的神经放松下来，为人心活血化瘀，是减少社会舆论对抗性的关键。中国已有4.57亿网民，“大众麦克风时代”民心可敬、民意可畏、民气可用。各级政府和领导干部对网上网下的社情民意，需要更敏感、更体贴、更有人情味，遇事也更有担当。

解　析

作品观点鲜明，结构严谨，立意深远，谋篇严谨，且论证充分。

文章以“郭美美事件”和“个税法修正案”为切入点，两起热点事件看似没有关联，仔细斟酌，却存在价值观割裂甚至对立的共性。同时，作者援引新华社前总编辑南振中的话，“在当下中国，客观存在两个舆论场”，过渡自然，又巧妙地引出了观点，手法独到。接下来，通过详细评述“互联网上鱼龙混杂”的现象，点明如果两个舆论场的距离越来越远，那么舆论引导就可能会丧失针对性和有效性，必然导致政府公信力的持续流失，整个舆论场也将演变为各说各话的利益博弈，最终导致社会核心价值观的混乱和迷失，客观上论证了打通两个舆论场和提升舆论引导能力的紧迫性。结尾处，系统阐述了该如何打通两个舆论场，有问有答，逻辑严谨，层次分明，布局合理。

当前，打通两个舆论场，实现融合共鸣，已成为各界共识。而在2011年左右，两个舆论的割裂甚至对立日益严重，官方舆论场的“自律”与民间舆论场的“自为”形成鲜明对比，不管是从舆论引导的角度看，还是从国家社会治理的大局考量，迫切需要找到正确有效的解决办法。由此可见，该评论最重要的意义当属凝聚价值共识，在纷繁复杂的舆论场面前，“打通两个舆论场”的观点，无疑具有引领舆论乃至一锤定音的作用。

范文二

依法理性表达爱国热情

作　　者：付龙、史江民

首发媒体：人民网（2010-10-25）

原文链接：http：//theory.people.com.cn/GB/13045939.html

中国个别城市近日发生了涉日游行。部分群众对前一阶段日本一些人士的错误言行表达义愤，表达爱国热情，是完全可以理解的；但正如中国外交部发言人几天前表态时所指出的那样："我们主张，应当依法、理性表达爱国热情，对非理性、违反法规的行为是不赞成的。相信广大群众一定会把爱国热情转化为做好本职工作的实际行动，维护好改革、发展、稳定大局。"这几句话，虽然简短，但说到了点子上，值得大家深思。

在对日问题上，中国政府一向是立场鲜明的。针对近期沸沸扬扬的"钓鱼岛事件"，中方就明确指出，"钓鱼岛及其附属岛屿自古以来就是中国的固有领土，中国对此拥有无可争辩的主权"，日本国内一些人企图通过此类问题"损害中国领土主权，破坏中日关系，他们的图谋是不会得逞的"。中方也一再表示了发展中日关系、解决中日问题的诚意，"中日两国互为近邻，坚持发展战略互惠关系的方向，符合两国人民的根本利益。双方应通过对话协商解决中日关系中的问题，维护两国关系大局。"中国政府的严正立场维护了国家利益和尊严，表达了中国人民的心声，是掷地有声、毋庸置疑的。然而，总有一些别有用心的日本人士喜欢撩拨中国人民的神经，寻衅滋事扩大事态，破坏中日友好关系，伤害亿万中国人民的感情。在国家利益受到威胁、民族尊严受到挑衅之时，任何一个中国人都不会无动于衷，通过各种方式表达自己爱国的热情也是题中应有之义。这展现了每一个中国人对祖国最朴素最深厚的感情，这种爱国热情是一个国家和民族弥足珍贵的精神财富。

在充分肯定大家爱国热情的同时，我们也要明确，怎样表达爱国之情、用什么方式表达爱国之情，也至关重要。依法、理性地表达爱国情感，是一种对国家、对民族负责的态度。应当看到，我们当前所处的国际国内环境相当复杂，在我们前进的道路上还会遇到各种各样的矛盾和问题。面对复杂的环境和各种矛盾，如果不能依法、理性地表达爱国热情，就无法维持正常的社会秩序，就不能保证经济社会的平稳较快发展，也不利于广大人民群众安居乐业。坚持依法理性表达爱国情，特别是把我们的爱国热情转化为做好本职工作的积极性，维护好我们国家来之不易的和谐稳定的局面，才能抓住发展的机遇，赢得发展的契机，才能把我们的祖国建设得更美好，这是真正的爱国，也是形形色色想把我们中国搞乱、搞垮的境内外敌对势力最害怕的。

中日互为重要邻国。两国之间存在一些敏感、复杂的问题，应通过对话方式妥善加以解决，共同维护两国战略互惠关系。我们要坚信，在党中央坚强领导下，党和政府一定能够从国家民族的长远利益和根本利益出发，正确处理好中日关系，有力维护国家利益、人民利益。我们应该以大局为重，冷静理智、依法有序地表达自己的爱国情感，自觉维护社会秩序，把宝贵的爱国热情转化为做好本职工作和刻苦学习本领的实际行动，把强烈的爱国激情凝聚成推动国家发展、民族振兴、社会稳定的共同意志，为实现中华民族的伟大复兴贡献力量。

经历了改革开放30多年的时间，古老的中国日益焕发青春，进入了改革发展的关键期。中国正在走强国之路，也在涵养大国心态。一个强大的国家不仅仅指经济上强大，更包括精神力量的强大。这就要求我们，在今后很长一段时间内都要回答好这样一个问题：作为一个大国，如何学会承受各种压力，如何善于在压力甚至是打压之下更好地发展。近几年来，抗击汶川大地震、成功举办奥运会、抗击玉树地震、应对舟曲泥石流自然灾害……中华民族在应对难事、办好大事中、在灾难和荣耀中砥砺了民族精神，磨炼了民族意志，形成了空前的凝聚力和向心力。这些都为我们今后迈步向前、不畏艰险、开拓进取积聚了宝贵的精神动力。

历史告诉我们，无论什么魑魅魍魉，都阻挡不了中华民族伟大复兴的坚定步伐；无论什么艰难险阻，都挡不住13亿中国人追求幸福。我们应当树立大国风范，让世界看到中国人的团结、理性、智慧与勇气，让世界看到中国的坚定、开放、自信与自强。我们坚信，只要大家团结一心，共同奋进，将亿万国人的爱国热情化为强国行动，中华民族就一定会坚强地屹立于世界民族之林，我们的祖国就一定会和谐发展，繁荣富强！

解析

2010年10月，中国成都、西安等部分城市发生涉日游行活动。中国外交部表态指出，应当依法、理性表达爱国热情，并呼吁广大群众以实际行动维护好改革、发展，稳定大局。作品以此为切入点，在充分肯定部分群众爱国热情的同时，旗帜鲜明地呼吁群众正确表达爱国热情。

该评论观点鲜明，层次分明，论证充分，具有非常重要的时代意义。从选题来看，该作品在涉日游行情绪高涨的关键点，选择了如何正确表达爱国热情的重大主题，体现出了高度的社会责任感和民族使命感，把握了舆论引导的主动权。从结构层次来看，该作品布局非常合乎规范，基本分为三个层次，一是肯定群众的爱国热情，并阐述依法理性表达爱国热情的重要性，二是申明中国政府处理中日关系的立场，三是抨击日方挑衅中国国家利益、民族尊严的卑劣行径，号召国人将爱国热情化为强国行动。

我们常说“文似看山不喜平”，警示写文章要奇势迭出，布局要跌宕起伏，方能引人入胜。但对于网络评论文章来说，通俗易懂，观点鲜明更显重要。这不仅仅是网络评论文体的要求，也是传播的客观要求。评论文章如果不讲布局，不讲逻辑性，天马行空，一味跟着感觉走，读者必然坠入云里雾里，只好弃之不理，必然导致好观点得不到有效传播。所以，呼吁公民理性表达，为文者首先要学会理性表达，这是该文章的重要启示作用。

范文三

法律如不能保民，同样不能保官

作　　者：光明网评论员

首发媒体：光明网（2014-11-14）

原文链接：http：//guancha.gmw.cn/2014-11/14/content_13834794.htm

家里搜出上亿现金和37公斤黄金的河北副处级官员马超群，让“小官巨腐”的话题持续发酵，强化了人们对基层干部的符号化印象。但《中国青年报》今天（11月14E）的一篇报道，却展示了另一种“小官”的生存状态。

报道名为《贵州一县委副书记因受贿获刑11年，重审后检方撤诉》，主人公叫熊祖模，是贵州省遵义市道真县委副书记。过去三年中，他的人生转了两次急弯，一次因滥用职权罪、受贿罪被判刑11年，一次因检方撤回起诉重获自由。检方撤诉后，他一直在“喊冤申诉”，请求组织“恢复名誉和工作”。现在他争取到的结果是，工资已经补发，但恢复工作和名誉仍遥遥无期。

熊祖模被调查和公诉的过程中，有些细节非常耐人寻味，甚至具备了一些典型性。比如，一项起诉称“2009年11月初熊祖模在办公室收受李晓红一笔1.5万元贿赂”，熊祖模和李晓红的口供中对这一贿赂事实的“描述高度一致”，而熊祖模当庭出示的护照、机票、研修证书均显示，2009年11月1日至17日自己因公出国，正在日本培训学习。

再比如，遵义中院一审判决熊祖模滥用职权、受贿罪成立后，熊案立刻成为遵义市和道真县的反腐典型案，即便在贵州高院以“事实不清、证据不足”裁定撤销遵义中院的一审判决后，遵义市党风廉政“警示教育月”活动的启动大会，仍然把熊案当成典型案进行了通报。有个黑色幽默可以顺带一提，在这次大会上总结熊案等“反面典型教训”的遵义市委书记，正是随后因贪腐落马的廖少华。

物证显示不可能出现的事情，当事人在审讯时口供“高度一致”，这多少都能让人们猜测到审讯时的环境、办案的程序。而还未到终审定案，地方政府就开始在政治上盖棺定论的情况，也从一个角度展示出了个别公权机关到底是怎么看待司法程序的，又是怎么看待法的。

法律如果不能保民，也同样不能保官。一个百姓视野中的“县太爷”，隶属基层干部中最有实权和资源的科层，一旦与权力相剥离，就会立马还原为权益脆弱的普通公民，并反过来受到权力的挤压，独自承担执法、司法漏洞带来的成本。这样的例子再次重申，一个社会如果法治不彰，每个社会成员的生存环境长久看来都是一致的。

十八届四中全会提出了180多项重要改革举措，依法行政、依法决策、法治政府、审判权和司法权独立公正行使等表述，表达了人们对法治建设的共同诉求。不知道各级地方干部对于推动改革的热情有多大，对于限权尊法的意义了解得有多深，按正常推测，肯定有部分人会因为“不方便”“自己改自己”而本能地排斥改革。如果是这样，建议他们将自己代入熊祖模的经历感受一下——法治当然利他，但说到底还是为了保护自己。

解　析

作品以小见大，角度巧妙，结论深刻，论证深入浅出，观点娓娓道来，说服力较强。

在十八届四中全会确立“依法治国”的大背景下，贵州省遵义市道真县委副书记熊祖模一案颇为耐人寻味，熊祖模曾因受贿获刑11年，重审后检方撤诉，此后，熊祖模一直“喊冤申诉”，但结果未如人意，工资虽已补发，但恢复工作和名誉仍遥遥无期。

文章以马超群事件引出“小官巨腐”现象，继而以熊祖模事件作为对比，点明了全面依法治国的重要性。该文跳出了就事议事的窠臼，小口径切入，大主题立意，令其观点的深度和高度进一步加强。

“命意之高下”决定文章品质之高低，从小事件着手，从常见新闻入手，来探析重大命题，进而表达独到观点和见解，既是写文章常用的表达手法，也表明了作者能够于细微处洞察社会现象，可见平时积累和观察思考的重要性。

同时，该文语言平实，结构清晰，思维理性，用客观事实和论述充分佐证了“法律如果不能保民，也同样不能保官”的深刻结论，晓之以理，又动之以情，巧妙地阐述了十八届四中全会的重要意义。

范文四

希望“电视问政”在各地“热播”起来

作　　者：龚朴磬

首发媒体：长江网（2012-08-16）

原文链接：http: //news.cjn.cn/cjsp/rd/201208/t2036972.htm

近日，湖北省首次进行广播、电视、网络同步直播“三农版”电视问政节目的报道引起热评如潮，网友直呼“太给力”。（8月15日荆楚网）

主题鲜明，问题集中，“三农版”，就“问”与农村、农业、农民相关的“政”。省财政厅、省水利厅、省农业厅、省民政厅、省林业厅的五位厅长、副厅长悉数亮相，省委农办（省委财经办）、省卫生厅、省国土厅、省粮食局、省供销社等涉农部门主要负责人也在台下就座，可谓阵容齐全、威力强大。

90分钟里，暗访短片、热线电话、网络问政、群众现场提问交叉进行，反映的问题直指各种强农惠农政策落实中的漏洞和猫腻。主持人“点将”访谈厅长，不时还点到台下某位相关市长、县长。即便早接通知、大做预演，如果自身无真材实料，平时未真抓实干，难免措手不及、窘态百出。

台下坐着的200位农民朋友，或举手提问，或举哭脸、笑脸牌，对厅长们的回答予以回应。特约评论员进行点评。省委常委、省纪委书记现场观摩指导。镁光灼灼、众目睽睽，装聋作哑不行，装模作样也逃不过观众法眼。直接对话，当场回复，问政实效立竿见影。

官员平日埋头于案牍、端坐于会场、忙碌于应酬，便有下基层之心，也难有下基层之时；便有下基层之时，也难得见基层之真。“电视问政”使官员有了下基层的平台，使群众有了“上访”的捷径，提效能、正官风、暖民心的作用更是不言而喻。“执政为民”就要这样“秀”。

只是这个“秀”，民众叫好，官员叫苦。“震惊”“愧疚”“承诺”“心情沉重”，成为台上厅长们频频吐出的字眼。如坐针毡、心如鹿撞的滋味毕竟不好受，难保领导们无抵触情绪。是抵制“电视问政”，还是促进“基层问政”，也是对领导干部执政意识、为民意识、民主意识的一个考验。

“电视问政”既有现实意义，也颇具实际意义、“推广价值”。希望“电视问政”是连续剧，不是昙花一现；希望“电视问政”是热播剧，在各地“热播”起来。

解 析

作品围绕“电视问政”的话题，立场坚定地驳斥“作秀”的质疑，并认为“执政为民”就要这样“秀”，“电视问政”理应大力推广，观点鲜明，说理透彻，语言简洁生动，结论发人深省。

“电视问政”自诞生以来，一直被怀疑的目光所包围，尤其在2011年、2012年前后，湖北、湖南、广东、河南等多个省市均推出了电视问政类节目，一时间，质疑声迭起。针对此论调，作者指出，如果无真材实料，平时不真抓实干，必然会措手不及、窘态百出，换言之，电视问政直接对话、当场回复的形式于执政为民大有裨益，此观点可谓一语中的。

从评论语言来看，该文充分体现了网络评论的特色——“短句式，精表达”。作品运用比喻、排比等修辞手法，语言节奏感较强，以短句式为主，长短句式交替使用，读来朗朗上口，通顺畅达，体现了语言韵律的独特魅力，同时照顾了网络平台阅读的需要，视觉感受较好，便于网络转载和观点传播。

范文五

“官二代”是一枚不理性的标签

作　　者：赵查理

首发媒体：红网（2012-02-27）

原文链接：http: //hlj.rednet.cn/c/2012/02/27/2529113.htm

2月24日，一条“网曝安徽‘官二代’横行霸道，恋爱不成将少女毁容”的微博在网络上疯传。该微博称陶汝坤因追求少女周岩不成，将其烧成重伤。24日记者联系到受害者周岩的家属及其代理律师李智贤。李智贤称，目前陶汝坤仍被羁押，22日下午，当地警方已对周岩进行了伤情鉴定。（2月26日《北京晨报》）

作为一个十几岁的少年，陶汝坤因为求爱被拒，竟然泼汽油烧对方，恶行令人发指，加之其背着“官二代”这枚标签，所以这件事在网络上引起大规模关注，并倒逼现实程序依次跟进。无疑，舆论应该关注陶汝坤案，但应当力避“贴标签”的思维方式。

当年药家鑫开车撞人后，怕农村人难缠，捅人八刀致其死亡。因其下手之狠，而后网上又传出其“军二代”身份，公众没有保持应有的客观立场，无条件地选择站在受害者张妙一方，并由此引发一次又一次的网络狂欢。随着案件深入，药家鑫认罪伏法，真相被还原——药家鑫所谓的“军二代”身份，不过是编造之辞。然而，被人操控的“哄客群体”，事后并没有认真反思，只留下最令人无言的现实：药家人成了舆论狂欢下的受害者。现在，陶汝坤被贴上“官二代”的标签，社会舆论再一次露出了和药家鑫案一样的苗头：网民群体以一种高度的警惕感，对陶汝坤进行话语围猎，不分青红皂白地站队表达对案件的立场。

公众尤其是网民，之所以如此警惕戴有“官二代”“富二代”“军二代”标签的违法犯罪者，应该是因为现实生活中，司法可能因这些特殊身份的存在而扭曲。而且，这类事件也屡有曝出，直接加剧了公众的不信任感。就此而言，“官二代”等只是表面上的靶子，公众其实是替弱势群体发声，是在要求司法公正公平。

但无论怎样，“官二代”等并不是理性的标签，更像是发泄情绪的“引子”。毕竟，违法犯罪者中，除了“官二代”“富二代”，还有广大弱势群体，且后者的绝对数量远超前者。当一个人违法犯罪后，公众不应该滥拟“官二代”“军二代”之名为其贴标签，否则与地域歧视何异?

陶汝坤的父母仅是科级干部，他并非严格意义上的“官二代”。而且，他针对周岩犯下的恶行和他的身份并没有关系，而与其不正常的心态有关系。公众以“贴标签”的方式，对某些群体进行围追堵截，虽是想倒逼案件的公正查处，但极易偏离初衷。通过药家鑫案即可看出，“贴标签”所付出的社会成本，远大于其最后取得的成果。再说也没有天然正义的人和群体，标签化自然无意义。

所以，公众舆论贴标签是舍近求远了，既然担心有人干涉司法，那就一眨不眨地紧盯司法，法律的准绳不因违法者的身份而扭曲，这就可以了。当公众舆论发现法律准绳扭曲、司法遭遇干涉时，再出来把这些人一一找出并晒在阳光下，这才是应有之义。而贴标签无疑是把双刃剑，一不小心伤人伤己，公众舆论对此应当慎之又慎。

解 析

著名杂文家、评论员鄢烈山在谈到评论写作时说过，评论写作应尽量选择“重大主题”。从选题上看，该评论具有重大的社会意义。“周岩事件”引起公众对“官二代”标签的围剿，引发社会舆论的激烈讨论，从关注事件本身逐渐转向非理性宣泄，导致“标签化”思维愈演愈烈。因此，该选题有重大的辩论价值，我们常说，在热点面前要不错位、不失声，可见作者具有极强的选题意识，有着较强的新闻敏锐性。

从时效性上看，该作品非常及时，起到了快速传播、引导舆论的作用，对于公众理性看待事件本身，以及慎重对待“贴标签”现象有一定的积极意义。文章于2月27日凌晨刊发，针对的事件是2月26日《北京晨报》的一条相关新闻，充分体现了网络评论第一时间发声，传播迅捷灵敏的特点。著名学者丁法章认为，网络评论“应以快速反应、先声夺人见长”，该评论作品具有范本意义。

此外，该作品标题凝练，观点鲜明，既点出了新闻事件，又表达了价值判断。从标题制作上讲，虽然不提倡过分使用类似“官二代”“郭美美”等标签化词语，以力求表达通畅，但尽量规避不等于禁止使用，有时候适当使用标签化词语，可以使文章标题更简洁生动，同时在观点表达上更传神，该作品标题即是最好的例证。

范文六

海南教育，该为8,000名满分考生羞耻

作　　者：董三仁

首发媒体：南海网（2009-07-28）

原文链接：http://www.hinews.cn/news/system/2009/07/28/010527581.shtml

7月28日，海南中考放榜，全省满分8,682人，满分满星28人，分别比2008年增加了令人震惊的181%和833%。对此，海南省中招办尽管也承认有“今年难题的区分度不大”的因素，但坚称“2008年是全省中小学教育教学质量年”是主要原因。就是说，考生的成绩仍然对应了教育的政绩，早在“意料之中”。

但从沸腾的民情反映来看，这似乎并非在什么“意料之中”，“与去年相比，因参照性严重错位而造成的错报志愿太多”，因此大批考生在录取时只得交数千元至数万元不等的“择校冤枉钱”，“这样的试题是看不出初中生水平高低的，真不知道这到底是怎么回事”。甚至有网民戏谑说，海南2009年中考取得了“突飞猛进的进步”，建议给教育官员授予“15颗星上将军衔”（笔者注：海南中考满分为82分，满星为14颗星）。其实，回顾海南的教育往事，笔者也同样心有隐忧：海南的基础教育水平到底是提高了，还是降低了？民众是不是被忽悠了？要搞清这些问题，最好有科学的测算数据。

2008年海南高考评出30篇满分作文，在饱受舆论和《海南日报》等主流媒体的抨击后，2009年海南高考作文满分降低为2篇。但这并非是什么从善如流。根据不少网民和教育界人士反映，尽管海南高考阅卷一再“人性化”，而各科原始分平均成绩也只有30分至50分，普遍比内地省份低。于是，2009年海南高考再度玩起了“数字游戏”。一

方面，网上热帖《民怨最大的海南教育三宗罪》和大批网友反映，部分重点中学在高考时将差生批量转移到二三类中学“甩包袱”，以提高重点中学的升学率。另一方面，海南高考通过标准分的转化，掩盖了差距不说，还在高考科目成绩满分900分以外，再追加会考成绩40分，政策加分20分。这60分，并未折算到高考总成绩当中去。就是说，同样是转换后的标准分，海南高考满分无形之中就变成了960分。这意味着，海南高考报表上的数字再度趋于好看、风光，事实上，当年海南高考的最高调档分也确实达到了内地考生无法理解的947分。紧接着，2009年7月，海南中考放榜，满分8,682人，满分满星28人，分别比2008年增加了令人瞠目结舌的181%和833%……

事实胜于雄辩。放下包袱吧！改革，就是允许试错的过程。从来没有什么人说过，改革就必然成功，否则面子上就挂不住。海南的教育改革，更需要的是可信、可感的一小步，而不是浮夸、虚高的一大步。

不是在全国率先开展高中新课改，海南就非要在高考中“人造”出大批量的高分不可！不是一旦开展“教育质量年”，海南就非要在中考中把优秀率、良好率、及格率等各种“率”一下子提高10个，甚至100个百分点不可！凡事须成于敬而做于实，凡事过犹不及。当政绩报表上的数据超出了公众的心理底线，而教育主管部门又拿不出一个科学的、可信的比较方法予以解释，公众能想到的，只能是“被粉饰”和“被伤害”。能质询的也只能是：海南教育，你到底在玩什么？海南的教育主管官员，你们做过实地的跟踪调研吗？在一片华丽的转换高分背后，海南考生与内地考生在大学的差距是在缩小还是在扩大？能给一个让人相信的说法吗？

海南的基础教育确实十分落后，海南民众也确实十分希望“知耻而后勇”，希望教育状况可以有改观。但常识告诉我们，这些“放卫星”式的高分、满分，或许不是海南教育的骄傲，而是耻辱。它让人惴惴不安，它的背后可能聚集着一股可怕的浮夸力量，它会不会在不科学的“数据全线飘红”的沾沾自喜中最终批量地伤害了海南的孩子们？

言及此处，笔者谨敬告海南教育主管部门：用尽了算法的混乱和腾挪，也不要忘了一个常识——民众不可欺，他们的切身感受往往才是最真实的。否则，时而“分转分”，时而“分外分”，时而“分外星”，谁能告诉我，到2010年，海南的基础教育还会有什么新的玩法？

解 析

围绕2009年海南中考8000名满分考生事件，该作品深入浅出，用充分的数据和事实论证，说明“放卫星”式的高分不是骄傲，而是耻辱，并在文末重申了“民众不可欺”的常识，与首段的“意料之中”前后呼应，起到了画龙点睛的作用。

从文本本身来看，文章并没有特别鲜明的网络特色，但该作品对媒体“议程设置”权威的颠覆才是最值得探讨的。议程设置，是媒体的一项基本功能。以往，传统媒体长期垄断着议程的设置权，但在全媒体时代，“议程设置”理论呈现出崭新的特点，其中之一，就是媒体的舆论权威被大大削弱，而借助开放的网络平台，公众意见得以充分表达，并反向影响着媒体的议题设定。

回到新闻事件本身，不同于官方舆论场一再坚称的“教育质量”“历史性突破”，网络上民意沸腾，质疑不断，该作品顺势而为，梳理了网友的“意见洪流”，提出“海南教育，该为8000名满分考生羞耻”的理性观点，很快在百度贴吧等网络平台引起较大反响，《中国青年报》等多家媒体跟进报道，显示出了网络评论强大的议程设置能力。同时，该作品被广泛转载和热议也极大地拓展了网上的言论空间，围绕这一观点，不少网友纷纷发声，或支持，或反对，理性论辩，自由表达，充分体现了网络评论开放性和草根性的特点。

范文七

"倒钩"事件凸显多元监督重要性

作　　者：李志军、刘景

首发媒体：新民网（2009-10-28）

原文链接：http：//news.xinmin.cn/opinion/xmwl/2009/10/28/2817389.html

正如"罗马绝非一天建成的"，上海"倒钩"事件之所以积"小患"成"大疾"——从最初的执法方式不当，逐渐放大为全国舆论关注的公共事件，直至损害政府公信力——存在诸多原因，而司法监督、人大监督、舆论监督、群众监督等外部监督力量在这个过程中没能切实发挥作用，也是一个引人深思的重要原因。

政府行政管理作为最主要、最重要的社会管理手段，深刻地影响着每一个人的生活。行政力量恰如一把"双刃剑"，如果使用得当，可以有效促进社会经济发展，提高人民生活水平；如果使用不当，就会侵害公民权利，损害政府公信力，酿成类似"躲猫猫""周老虎"事件。所以，对公权力监督得当，善莫大焉！监督失当，害莫大焉！

政府行政管理的内容庞大而复杂，难免出现疏漏和错误，诚如上海浦东新区区长姜樑所说："政府不能够保证不做错事情，但是一定要保证诚实，做错了事就必须要承担责任。"然而，正像"刀不能削到自己的刀把"一样，通过行政机构的内部监督纠察行政失当行为，难免会因共同利益、人情世故等种种因素掣肘，导致"不识庐山真面目，只缘身在此山中"。此时，来自外部的监督就显得尤为重要。

遗憾的是，外部监督在"倒钩"事件发酵过程中的表现和作用难以让人信服。事实上，孙中界绝非被"钓到"的第一条"鱼"。2009年9月，圣戈班集团中国磨料磨具公司市场经理张军“被钓”事件就曾引得舆论沸沸扬扬；2008年3月发生“被钓司机怒杀女钓钩案”，也曾令社会各界哗然。然而，这些由舆论披露的信息，并没有引起政府部门的重视。

同时，外部监督也并没有对“钓鱼式执法”果断说不。例如，当多位车主通过司法途径对“钓鱼式执法”提出质疑时，竟无一胜诉。法院在相关的司法调查中，难道就一点没有发现“钓鱼”的迹象？如果发现了执法不当的事实，为何没有及时提醒政府部门改正？行政力量过多、过深地介入司法实践，司法监督难以有效发挥监督作用的尴尬现实显露无遗。可以说，在一定程度上正是外部监督的“缺位”“无为”，使得“倒钩事件”逐渐深化，并导致了今天的大爆发。

因此，要保证政府执政为民、依法执政，外部监督切实履行职责不可或缺。首先，政府部门必须高度重视外部监督工作，自觉接受外部监督。党的十七届四中全会就强调：坚持党内监督与党外监督、专门机关监督与群众监督相结合，发挥好舆论监督作用，增强监督合力。只有政府机关充分尊重、积极配合人大机关、司法机关和新闻媒体的监督工作，把“外化于形”的监督转化为“内化于心”的接受，外部监督才能真正开好局、起好步。

另外，负有监督职责的立法、司法机关和新闻媒体，也要勇于监督。不可否认，外部监督确实有很多困难，但是监督政府执政为民、依法执政，是这些机关和单位不可推卸的责任，为了人民的利益和法律的尊严，再大的困难也不能退缩。人大机关、司法机关、新闻媒体应该严格按照《中华人民共和国各级人民代表大会常务委员会监督法》等法律法规和党的相关政策，努力确保权力中规中矩、监督孔武有力。

潮平两岸阔，风劲一帆悬。上海市委、市政府实事求是的态度，为“倒钩”事件的彻底解决夯实了基础。以此为契机，进一步完善制度，确保外部监督能够切实履行职责，真正做到能监督、敢监督、会监督，这也是“倒钩”事件带给我们的重要启示。

解 析

“凡事预则立，不预则废。”做好网络评论，需要具备策划精品的意识。对于一些重大时事热点，记者不但要及时发声，更要具备大局意识，全面认识新闻事件，多角度设置观点，充分发挥网络作品“海量加精品”的优势，担当社会责任，正确引导舆论。2009年，“孙中界事件”成为舆论焦点，上海钓鱼执法的恶劣行为引发了社会的广泛关注，个案执法问题演变成为全国高度关注的公共事件。针对这起事件，新民网迅速发表了系列评论《八论上海“倒钩”事件》，该文是系列评论的第七篇。

评论开门见山地指出，上海“倒钩”事件的重要原因之一是多元监督尤其是外部监督没能切实发挥作用。在提出质疑的同时，作者对“倒钩”事件的发生进行了深入分析，通过翔实的论据和充分的论证，指出正是由于外部监督“缺位”“无为”才导致“倒钩事件”的矛盾大爆发，并呼吁进一步完善相关制度，强化外部监督，确保外部监督能够切实履行。

该评论紧紧围绕中心观点展开论述，布局合理，层层深入，通过多元论证，步步铺陈，抽丝剥茧地剖析了“倒钩事件”发生的主要原因，提出了提升外部监督的可行性方案，发挥了网络评论意见表达和舆论监督的作用，引导网上舆论朝着理性、理智的正确方向发展，避免网络意见热潮演变为自说自话的利益博弈。同时，该评论大量运用反问句式和疑问语气，强化了自身观点，也使得论证过程更显有理有据。

范文八

两岸向前行 “莫忘初心”是正理

作　　者：赵静

首发媒体：中国台湾网（2014-12-29）

原文链接：http: //www.taiwan.cn/plzhx/pltt/201412/t20141229_8519006.htm

面对转瞬即逝的2014年，两岸民众选出了“转”字作为这一年的“海峡两岸年度汉字”。对此，网民各有解读。有人乐观，认为“转”字代表两岸这一年变化巨大，期待新的一年能够“转”出好运；有人悲观，疑惑2014年的两岸关系时好时坏，根本就是晕头“转”向。

网民们的疑惑其来有自，2014年的两岸关系的确如过山车般跌宕起伏。马年春节刚过，习总书记会见连战、国台办张志军主任与台湾陆委会王郁琦主委首次正式会面，一切都顺风顺水地进行着。但仅一个月后，岛内就爆发了抵制两岸服贸协议的“太阳花学运”，大陆网友不明白：台湾人怎么这么不懂我们的“好心”？就在低气压弥漫两岸之际，国台办主任首次登上了宝岛，又是一场值得双方庆祝的破纪录事件！但很快，因为“习马会”的议题，两岸关系又变得诡异起来。11月中旬，张志军主任与王郁琦主委再次在北京握手，虽然不是正式会面，但仍让我们看到了两岸关系重回正确轨道的曙光。然而，仅仅17天后，国民党在台湾的“九合一”选举中惨败，“民进党要卷土重来了吗”“两岸关系会因此逆转吗”等疑问再次充斥网络。

网络真是一个汇聚各方观点之地。有人批评台湾人只顾“小确幸”，缺乏理性思考；也有人认为两岸分离这么久，出现波澜很正常。有人痛批马当局的“不统不独不武”

放弃了统一理想，才会导致国民党失去中心思想从而一盘散沙；也有人认为，这次仅是台湾民众对马当局执政不彰的惩罚性投票，并不代表两岸关系和平发展的失败。而笔者以为，这所有的疑问与观点都应该有一个前提：我们是否还拥有当初推进两岸关系和平发展的“初心”？

本文所谓“初心”，即“最初的信念”，也就是从2008年两岸关系开始重大良性转变之时，两岸双方最初的动力与最初的期望。毫无疑问，是两岸主流民意的推动，让两岸关系始终未偏离历史轨道；是实现和平发展的愿景，支撑我们一步步走到现在。这样的“初心”，说得直白些，就是要让两岸的老百姓过上舒服日子，一是没有战争，二是生活富裕。

“顺乎世界之潮流，合乎人群之需要”——这句孙中山先生当年的话语，仍然激励着今日之中国人。所以，我们在波折不断的2014年，仍然看到了习近平总书记四次会见台湾客人，“两岸一家亲”“中国梦”“两岸梦”理念流行两岸；看到了两岸事务主管部门开启直接对话，从质上提升了两岸关系架构的稳定性；看到了新当选的“绿色”台北市长柯文哲表示台北跟上海的交流“马照跑、舞照跳”；看到了国民党选举败后，海协会会长陈德铭仍按原定计划访台、两岸企业家峰会如期在台北登场……

许多民意调查结果均显示，两岸关系和平发展的大势，早已被两岸主流民意共同认知。这样的民意基础，已注定两岸关系绝无逆转的可能。民进党此次赢得岛内22个县市长中的13席，其身上也不得不肩负起更多维护两岸关系和平发展的责任。毕竟，让老百姓过上舒服日子、真刀真枪的救经济，才是他们的“本职工作”。谁也不能否认：深入推进两岸经贸合作，是当前台湾走出“闷经济”的良方。张志军主任在反服贸风波后前往台湾、陈德铭在国民党惨败后登陆宝岛，都是在表明大陆继续推动两岸关系和平发展的信心、诚心与耐心。两岸间的所有风波，影响的只是交流速度，绝不会影响和平发展的大方向，因为我们都未丢弃那颗最宝贵、最朴实的“初心”。

“梦想还是要有的，万一实现了呢？”新亚洲首富马云的这句话，在2014年流行于两岸的年轻网民间。笔者则想说：“两岸梦”一定要有，因为我们一定能够实现！“不忘初心，方得始终”。2014年，两岸关系前行路上的颠簸性加强，也对我们更加理性地站在中华民族整体利益的高度处理彼此的关系，提出了更高要求。只要我们遵循历史发展的方向，只要我们不忘最初的信念，只要我们愿意彼此靠近、相互理解，就一定能够同心实现中华民族伟大复兴的梦想。到那时，我们便能骄傲地向世界宣布：看！我们中国人团结起来的力量，有多强大！

解 析

每年的各类年终盘点，都是不可多得的评论话题“富矿”。本文以2014年“海峡两岸年度汉字”的出炉为切入点，摆事实，讲道理，多角度剖析了网民对两岸关系的悲观与乐观，指出只要“不忘初心”，两岸关系一定能够“方得始终”。

从主题上看，本文选择了两岸关系这样的大主题，却围绕“海峡两岸年度汉字”的出炉大做文章，贴近受众，读来亲切自然。一般来说，针对重大主题，提倡以小角度切入，而后循循善诱，层层深入，逐渐升华观点，凝聚共识，切忌一味“高大上”，否则语言晦涩难懂，不利于观点表达和网络传播。相反地，如果是小主题，反而需要高立意，强化其重要性和迫切性，跳出一事一域，高屋建瓴，才能避免窥一斑而失全貌。

除了选题贴近热点，文章在语言风格上也平实接地气，增强了贴近性和论证力。从语言风格上看，该作品体现出鲜明的网络特色，一是巧妙地将“中华民族伟大复兴的梦想”转化为“两岸百姓都能过上好日子”的朴实话语，观点鲜明，且娓娓道来，润物细无声；二是运用“小确幸”“马照跑、舞照跳”等网络语言，贴近互联网阅读习惯，接地气，引共鸣；三是论据丰富，且贴近实际，多角度借用网友的解读来表达自己的观点，通俗易懂，以理服人，获得了不错的网络传播效果。

范文九

敏感项目，如何避免中国式“邻避运动”？

作　　者：张伟雄、谢晓、蔡茜

首发媒体：中国南方网（2013-07-14）

原文链接：http: //opinion.southcn.com/o/2013-07/14/content_92838498.htm

在经历了近十天的“核风波”，江门鹤山核燃料厂项目以当地政府红头文件的形式宣布取消。近年来，从番禺垃圾焚烧厂事件到北海拒绝核电项目事件，从什邡钼铜事件再到今天江门鹤山的核燃料厂事件，民众的“邻避运动”一再截停环境敏感项目，极大地考验了政府的执政智慧。

“邻避运动”是舶来词，英语为NIMBY（“Not in my back yard”的缩写），意即“不要建在我家后院”。说的是一个地方的居民不允许存在环境污染、生态破坏风险的项目进入自己的家园，并采取强硬的拒斥态度，欲将其消灭在萌芽状态。有评论认为，环境日益恶化、民众环保意识提高、社交媒体普及，以及政府公信力透支等，这些因素耦合在一起，催生中国式的“邻避运动”，往往让政府束手无策。

江门这场“核风波”可谓是典型的“邻避运动”。但是细察事件的来龙去脉，其有特殊之处：项目所在地的村民普遍同意项目建设，反对声音主要来自周边的江门市区、中山乃至港澳地区。这真有点皇帝不急太监急的意味。为什么呢？有媒体透露，当地政府给当地村民每人约22万元的补偿，还安排村民免费入住镇中学旁边的新房子，送钱送房甚至送学位。在如此大的利益面前，村民当然欢迎项目上马。

反观周边地区的市民，他们能得到什么呢？370亿元投资带来的GDP？地方税收的增长？老实说，这些与市民的切身利益关系微乎其微。江门市一名政协委员的说法很有代表性：项目为被拆迁征地的农民提供了较高补偿，但从全市层面看，其他市民不能直接感受到利益，却要平白承受核威胁的风险，心理上不愿支持。

天下熙熙，皆为利来。“邻避运动”的诱因看似纷繁复杂，关键却是政府在建设环境敏感项目时，没有让民众充分感受到项目带来的实际利益，以抵消可能存在的风险。

因此，要避免中国式“邻避运动”，需要政府更多的让利。首先，国家对环境敏感项目的布局应更有全局观。像核燃料厂项目，当初就曾被考虑选址在离人口密集区足够远、离核电站更加近的江门台山，但最终因为建造成本高而被否决。如果国家在产业规划时，就划定专门区域发展涉核等敏感产业，前期或许投入成本很高，但后期却能形成产业集聚效应，同时也能避免“硬磕”人口密集区的公众利益。

其次，地方政府可以借鉴“碳补偿”的做法，建立机制补偿引进敏感项目的地区。再以江门核燃料厂项目为例，假设只有台山能接这“烫手山芋”，那么其项目的建设成本、当地民众的福利，可由周边受益于核电的地区从财政上给予一定补偿，以实现区域利益的平衡。

总之，一个国家或地方要发展，或多或少需要一些“敏感”项目。政府只有拿出更大的智慧和魄力，创新利益的分配方式，才能避免“邻避运动”一再上演。

解　析

江门鹤山核燃料厂因“邻避运动”而被直接取消，一时间令舆论震惊，并引起对中国式“邻避运动”的广泛思考。该评论一语道破事件的根本原因，是项目带来的实际利益没有让民众充分感受到，是发展红利分配的不合理。文章推理严密，论据翔实，论证充分，着重剖析了破解“邻避运动”难题的若干办法，见解深刻，发人深省。

“邻避运动”起源于欧美，在亚洲，也先后在日本、中国的台湾和香港以及新加坡等国家和地区掀起浪潮。近年来，中国式“邻避运动”事件层出不穷，基本呈现一触即发、谣言四起和一闹就停的特点，给社会发展增加了很多不必要的成本。究其根源，是地方政府仅以发展为导向，在不满足公众知情权的前提下，把GDP增长等同于公共利益，却让公众承担不必要的环境风险。

围绕着这一症结，该文章叙论结合，鞭辟入里地指出，只有创新利益的分配方式，才能避免“邻避运动”一再上演，颇具说服力。文章发布后引发了网友的广泛热议，不少网友开始反省如何正确面对环境敏感项目并理性表达自身利益诉求，也有不少政府人员特别是当地政府公务员通过微信朋友圈转发了本文。这启示我们，网络评论的广泛影响一方面来源于选题的重大迫切，同时也离不开观点的切中时弊，只有紧扣公众的关注点，不断凝聚观点共识，才能形成广泛参与、主动传播的扩散效应，才能充分体现出网络评论的感染力和影响力。

范文十

“老何说和”说了些什么？

作　　者：李广华

首发媒体：中国宁波网（2011-08-02）

原文链接：http：//news.cnnb.com.cn/system/2011/08/02/007023263_01.shtml

宁波市宁海县出了个“老何说和”，成为近期网上人们议论的话题。“老何”是指人，“说和”是指事。最初，大佳何镇退下来的何姓村干部，自愿进行民间矛盾调解，受到老百姓欢迎。后来，县里发现这个做法好，在全县进行推广，成了一个品牌。据5个乡镇统计，在不到一年的时间里，像老何这样的调解室调解民间案件300余件，涉案金额300余万元，没有一起因调解不当而转为刑事案件和群体性上访事件。

当前，农村乡镇（街道）的经济社会发展较快，相伴而来的因土地纠纷、宅基地纠纷、山林承包纠纷、家长里短、邻里矛盾等问题也随之出现，有些还很激烈。而很多群众对法律知识和司法程序不是很清楚，打起官司来还会产生费用，因此希望通过调解得以解决。而在基层确有一批像老何这样有威望、地缘熟、懂法律、热心肠的老同志，他们出面，很多矛盾会迎刃而解，避免了乡里乡亲的伤和气，节省了时间和由此而产生的费用。宁海县注意到了这一点，积极扶持这一新出现的事物，发挥“老何”们的作用，收到了意想不到的效果。截至目前，全县18个乡镇（街道）已全部建立了“老何说和”专职人民调解室。

那么“老何”到底说了些什么呢？

“老何说和”，首先是说出了“公平公正”。“老何”们都是当地有一定威望的人，了解周围的人和事，在矛盾面前能够有的放矢。在调理过程中，“老何”们通过说事拉理，给群众一个诉求的机会，倾听他们的心声，并站在公正的角度，不袒护，不偏向，没有个人的私利，让群众打心里信服。

说出了存在于基层，外人又难以触摸到的矛盾点。农村“鸡毛蒜皮”的琐事，一般不为外人所知。农村群众相对文化知识有限，遇到问题时，更加渴望得到政策指导、法律服务，需要有针对性的办法。问题面前，“老何”们一看便知，能对症下药。今年初，溪下王村养殖户王某反映，因承包塘管闸门的人脱岗，导致潮水无法进入而冻死全部白蟹，要求镇政府赔偿。镇农办多次与王某协商，愿做一定补偿，但王某提出过高要求。老何根据调查指出，那天的低潮位就是开闸也进不了水。王某被点中要害，自觉理亏，接受了镇里的赔偿。

说出了群众想听的话语。他们与矛盾双方同生活在一块土地上，面孔熟悉，说话不生分，不板着面孔，不居高临下，没官腔，没套话，群众好接受，几句家长里短就促成了问题的解决，用不着非要对簿公堂，出气消怒。有时，他们也可以用一用长者的身份，说些心里话，批评几句、教育几句，群众能接受，有助于问题的解决。

说出人们渴望和谐的心愿。在农村，发生各类纠纷在所难免，同时，谁都不愿意惹事，都想过安生日子。老何的调节既有法律上的知识运用，更有构建和谐社会的道理，他们了解每个家庭的实际情况，知晓困难在哪里、出路在哪里。调节者和矛盾当事双方的愿望是一致的，老百姓听着信服。所以，“老何”们解决了几百起矛盾，没有一起反复的。

有网友评论说：“老何说和”是在“鸡毛蒜皮”中挖到了“金子”，一个个矛盾，被解决在萌芽状态，就大大减少了铸成大矛盾的可能，把矛盾解决在萌芽状态，这是用金钱所买不来的。

那么为什么要“老何”来说呢?

现阶段社会矛盾多发，农村的有些情况更加复杂，解决起来也比较棘手，实践证明“老何说和”无疑是一种有效的解决方法。“老何说和”是社会发展过程中出现的新事物，其社会意义在于它的群众性，基层群众间发生的矛盾，最终由群众自行调解解决，有利于促进社会的和谐发展。调解过程在于大事化小，小事化了，矛盾解决在基层，没有发展成为群体事件，也没有形成网上热点事件，是农村社会管理工作的创新，是社会所需，民心所向。

18年前，西店镇王家村两个王姓村民，因承包地问题产生纠纷，关系逐渐僵化，矛盾很深。“老何”在受理该纠纷后，一遍遍地做双方的工作，同时利用自己在村中的人脉和威望，请一些老村干部、老党员、双方当事人的好友一起协调处理，在反复调解六个月后，双方终于做出让步，一桩18年的积案在半年后得到解决。

构建和谐社会，重点在农村，难点也在农村，其中很关键的一点在于创新农村社会管理机制，强化农村社会矛盾的调处力度，正确处理各种纠纷和矛盾，及时恰当地回应和疏导，把问题解决在基层、消灭在萌芽状态。如果不采取切实措施缓解和解决群众中的矛盾，就容易使小问题变成大问题，使矛盾不断发酵激化。近年来，农村不断出现的因邻里纠纷导致的恶性事件，因土地纠纷、房屋拆迁引发的群体性事件，不得不让我们对农村的社会管理工作更加重视。

社会管理创新，农村是个大舞台，没有农村的和谐稳定，就不会有全社会的小康生活。宁海的“老何说和”针对性强，运行成本低，解决实际问题，这一做法是新时期出现的新鲜事，值得提倡。正如同有的网民在留言中所说：“是一种发扬民间智慧的创新”。“老何”说的以及做的，恰恰是当前社会管理工作中探索出的一套有效办法。

解　析

该评论以小见大，针对“老何说和”这一民间新出现的调解方式进行客观评述，核心观点是创新社会管理，特别是农村社会管理的大命题。该文章是典型的小主题，高立意，精表达，行文深入浅出，说理精辟透彻，介绍并论证了这一民间调解方式的重要意义及可推广价值，在推动网民对该热点事件持续广泛关注的同时，也为创新社会管理提供了一条可行性路径。

该评论结构清晰，层次分明，以理服人，以问答式的常见布局，通过制造小悬念，巧妙讲述大道理。文章语言轻松、平实，可读性较强，论据丰富贴切，同时充分运用了网友的观点，用网民的语言、符号、习惯去表达，以客观的角度表明了多方立场，说服力较强，有效引导了网上舆论。

从标题来看，疑问句式简单、直白，却又制造了一定悬念，符合网络阅读习惯，易吸引网友点击。正文的开始，在充分介绍新闻背景之后，作者开门见山地指出，“老何说和”说出了“公平公正”，说出了基层矛盾点，说出了群众语言，说出了人们渴望和谐的心愿，最重要的是说出了基层社会管理工作创新的新路径。该评论文题统一，说理性强，发布之后，网友纷纷留言讨论，体现出网络评论很强的互动性，收到了较好的引导效果，有力地推动了“老何说和”调解室工作的全面开展，具有重要的现实意义。

讨论题与练习题

一、讨论题

1.网络时事评论与传统媒体时事评论的相同之处在哪里？不同之处又是什么？

2.网络时事评论是否必须紧紧围绕当下具体“时事”？身处纷乱喧嚣的信息时代，我们是否有可能立足更加广阔的历史视野，重新认知当下“时事”的时代意义？

二、练习题

1.围绕某一时事热点而衍生的三篇以上时事新闻评论，将其基本论点、行文风格进行比较分析。

2.网络时事评论应特别注意对价值观的引领，写一篇600字以内的短文，谈谈你对价值观的理解。

3.选取对于同一时事热点的五篇以上网络评论，领会文本中的表达的意义，系统关注文后的读者跟帖，分析哪些表达更容易被受众认同，总结认同度高的网络时事评论有什么样的共性，并以1,000字以内短文概括你的发现。

4.选取某个时事热点，尝试从不同角度提炼至少三个论点,分别拟出网络时事评论的标题。

5.从主流报纸媒体选择一篇时事新闻评论作品，尝试对其换角度、换文风改写，使文本既更具网络语言特色，又不违背基本的语法规律和价值导向。

Chapter 3
第三章　网络经济评论

▶ 第一节　网络经济评论概论
▶ 第二节　网络经济评论文本解析

第一节 网络经济评论概论

1995年，互联网几乎以每月10%~15%的速度增长，专家们认为互联网活动呈爆炸式增长是因为某种信息交换的新形式激发了大众的兴趣。许多用户坚信，对于言论自由和公开辩论来说，网络比其他任何现有的传播媒介都要好得多。[①]网络经济评论正是伴随着互联网媒体的诞生和发展而不断成熟壮大起来的一种重要新闻评论形态。经济发展的主线需要网络经济评论的进一步确立和巩固，无论是经济社会重大议题还是民生关注热点话题，网络经济评论无疑会起到正向舆论引导和启发政府国民理智的重要作用。网络经济评论同传统媒体评论相比，具有鲜明的网络特征，风格上更加自由大胆而不失理性，着实令人称赞。

一、网络经济评论的概念与内涵

要想学习和掌握好网络经济评论，首先需要对它的概念和内涵有一个准确的理解。既要明白网络经济评论的内涵，也要知晓网络经济评论的外延。

（一）网络经济评论的基本概念

查阅目前的相关研究成果，笔者尚未发现对“网络经济评论”的概念进行专门诠释的文献，但关于“网络评论”或“网络新闻评论”的研究则较为成熟，有些研究从形态、内容等角度给出了定义。如金梦玉在《网络新闻学》中认为，网络新闻评论就是指在网络媒介上就新闻事件或当前事态发表的评价性意见。[②]丁法章在《漫谈网络新闻评论》中这样定义：“网络新闻评论，即时评、政论，是网民借助网站搭建的信息传播平台，就当前某重要新闻或某新闻事件进行议论和评述的文章，每篇字数一般在五六百左右，也有超过千字的。”[③]涂光晋发表于《国际新闻界》的论文《表达·交

① 菲德勒 R.媒介形态变化：认识新媒介[M].明安香，译.北京：华夏出版社，2000：86.
② 金梦玉.网络新闻实务[M].北京：北京广播学院出版社，2001：245.
③ 丁法章.漫谈网络新闻评论[J].新闻大学，2008（04）：91-96.

流·争论·整合——新媒体时代新闻评论的变化与反思》指出，“新闻评论形态的拓展，同新型互联网应用的出现轨迹相吻合，逐步经历了从最初的网站评论和网络专栏评论，到后来的网络论坛评论、网民跟帖及博客评论，再到当前的微博客言论这样一个发展过程。”[①]比较而言，在众多意见中，多数学者更认同王振业等关于网络新闻评论的解读，王振业等认为：“网络新闻评论从本质上说是一种意见信息……只要其‘新闻性’‘政论性’的特征还在，‘不成文’的讨论应当和‘成文’的文章一样，纳入网络新闻评论的范畴。”[②]该定义抓住了“意见”本质，同时也回答了不成文的言论是否算网络新闻评论这一广受争议的问题，但并非所有网络新闻评论都是有关政治的言论。

总之，新闻评论的核心价值即判断（观点、意见信息），认识到这一点，是我们进一步了解“网络经济评论”及其内涵和外延的前提。梳理这些关于网络新闻评论的相关文献为本研究提供了有益的参考，但其中一些观点仍然值得商榷。笔者认为突出疑点有二：一是定义不严谨，评价内容界定不明确。“网评”“网络评论”“网络新闻评论”“网络言论”被大量学者混用，并无具体概念区分，早期关于网络新闻评论的定义过于狭隘，未触及本质；近期相关定义又过于宽泛。二是网络媒体范围界定尚不清晰，媒体性质没有得到体现。

根据《现代汉语词典》的解释，“经济”在经济学上指社会物质生产和再生产的活动。这种解释过于抽象笼统。现代经济学理论认为，经济是上层建筑赖以存在和发展的基础，指社会生产关系的总和，包括物质生产、分配、交换和消费的活动。经济评论是媒体普遍运用的、面向受众传播的有关新近（或正在发生的）经济事件、政策、趋势、现象的意见性信息。经济评论是大众媒体的一种直接发言方式，它在传播信息方面有着自己的特殊功能。主要表现在一是传、受信息，二是反映和引导公众舆论。前者属于手段范畴，后者属于目的范畴[③]。本研究综合考量，将“网络经济评论”定义为：以经济现象和经济问题为言论对象，首发于网络大众媒体的具有完整性文本的评价性意见。

（二）网络经济评论的内涵解读

根据本研究的定义，笔者认为，在对“网络经济评论”概念的内涵理解上，有必

---

① 涂光晋，吴惠凡.表达•交流•争论•整合——新媒体时代新闻评论的变化与反思[J].国际新闻界，2011（05）：16-23.

② 王振业，李舒.新闻评论与电子媒介[M].北京：中国广播电视出版社.2004：223.

③ 李法宝.新闻评论：发现与表现[M].中山大学出版社.2005：8.

要澄清以下三点：第一，考察的视域应该集中在具有大众传播意义的网络媒体上，而不是将所有网络平台上的所谓媒体全部纳入范畴；第二，注重评论文本的相对完整性，真正意义的评论不能只是表达观点性的一两句话，它应该是有观点、有论证和论据的完全文本，类似只言片语的评价性意见应该被排除在外；第三，评论的对象是经济现象和问题，如有些评论可能是经济与其他领域交叉在一起，则要看其主要目标面向是否以经济面向为主。由此，大众传播、完整文本、经济范畴，是理解“网络经济评论”概念内涵的核心关键点，理解了这三点，就能很好地掌握其基本内涵。

二、网络经济评论的写作特点

早在20世纪60年代，我国老一代报人就意识到了经济评论的重要性。以报道经济财贸为重点的全国性大报——北京《大公报》于1964年3月27日创刊《经济评论》周刊，该周刊的编辑方针是：以研究当前现实问题，宣传和解释党的经济政策，联系实际，从实际中提出问题，提到政策或理论的高度，切忌从远离出发写文章。[①]优秀的网络经济评论存在一系列共同的写作特征：选题直面经济生活重要议题、标题吸引眼球但杜绝标题党、言辞运用自由且合语法规则、论证结构自由同时富有逻辑。

（一）选题直面经济生活重要议题

网络经济评论在选题方面，十分注重选择那些经济生活中的重要议题，尤其是与国计民生息息相关的经济现象和问题。《收入分配改革的关键在“切饼者后拿”》将专注点放在“收入分配改革”这个经济改革发展中的重大议题，专门围绕如何保证收入分配公平的话题展开评述。《大众创业：激活全社会每一个细胞》选取本届中央集体高度关注的一项核心议题“大众创业、万众创新”，这项议题直接关涉国家经济社会发展的未来走向和重要突破口。《“红顶商人化”与“商人红顶化”》直面“经济腐败”这个一直伴随我国社会主义经济建设过程的难解之题，集中批驳权力与资本之间的乱象。

（二）标题吸引眼球但杜绝标题党

网络经济评论在标题拟定方面，常常使用一些能够吸引人眼球的字眼，但是又能够杜绝“标题党”的不良风气。《“宝马之乡”全民放贷崩盘的警示》标题直接用“宝马

---

① 王鹏.记北京《大公报》《经济评论》周刊的诞生[J].纵横，2002（12）：32.

之乡”指代江苏泗洪地区，既引人注目又名实相符。《“世界第二”仅仅意味着一个新的开端》标题中将“世界第二”拎出，却以“仅仅”“开端”来对应化解。《碳关税：绿色面具难掩贸易歧视灵魂》标题中的“面具”“灵魂”新巧而准确地揭示了欧美等西方国家的贸易保护主义。《从“湖南第一村”的上市悲剧中反思什么？》标题中将“湖南第一村”与“上市悲剧”相连，并将根本立足点放在“反思”上，可谓轻重得当。

（三）言词运用自由且合语法规则

优秀的网络经济评论一般都是擅长运用网络话语表达的评论文本，既能做到网言网语的灵活运用，同时也不违背语言的基本规则。《“免费”为“反恐” 卢总经理在忽悠谁？》一文中使用的“忽悠”“反恐英雄”“职务盗窃”“把丑行称作义举”“一朝权在手，便把利来谋”等，言辞十分自由泼辣，毫不呆板。《碳关税：绿色面具难掩贸易歧视灵魂》一文中讥讽“碳关税”为与生俱来的“使命”，反讽美国充当“世界环境卫士”，“只许州官放火，不许百姓点灯”。《“红顶商人化”与“商人红顶化”》一文中直接点明“戴着红顶的权力者”与“有资本的商人”的“乱交”，“官商一体”“1美元政府官员”“暴富群体”等用词更是灵活。

（四）论证结构自由同时富有逻辑

网络经济评论虽然立足于网络，但是并没有沾染网络文字的碎片化、无深度、无逻辑等文本弊病，反而能够做到将自由式的论证结构和富有逻辑性的论证很好地结合，这是难能可贵的。《大众创业：激活全社会每一个细胞》从文本结构层次上而言，文章貌似没有常见的那种严谨的论证结构，但是却又有一条内在线索贯穿始终，那就是“激活”这一核心关键词，且论证在步步深入中不断升华了评论主题。《国际金融危机暴露美式经济弊端》保持了相当严谨的逻辑结构，开篇引出金融危机话题后即展开分析美国经济体系暴露的诸种弊端，而后进一步揭示了美国实用主义至上的利己本性，文章最后总结升华，警醒世界。

三、网络经济评论的作用与趋势

著名经济学家曼昆在其编著的《经济学原理》一书中这样定义经济学：“研究社会如何管理自己的稀缺资源。”[①]从使用与满足理论角度来看，有用——即能够指导

① 曼昆 N G.经济学原理[M].梁小民，译.北京：机械工业出版社.2005：4.

生产、经营、购销、投资、决策等，是受众对经济评论最基本的使用需求。他们需要经济评论能够发挥解惑释疑、防御风险、提供参考、指导行为的服务功能。[①]网络评论不单单是一种新兴的评论形态，而且是一种新的社会现象，其重要意义不仅仅局限于新闻学和传播学，甚至在社会学和政治学视野下，它的意义更为重大。[②]网络经济评论作为网络评论的一个重要组成部分，对经济社会的作用重大，具有非同一般的社会影响力，今后它也一定会不断发展壮大，继续发挥好在经济社会中的舆论主导作用。

（一）网络经济评论的社会作用

当今时代，是经济时代。我们应该用经济学的角度看待生活中的种种，科学理性地权衡利弊，以此更好地维护自身利益，躲避经济陷阱，为我们的生活带来更有益的帮助。[③]网络经济评论在经济社会生活中发挥着重要的正面作用。

首先，它带来的是正向的经济舆论引导效应，如《大众创业：激活全社会每一个细胞》阐述了“大众创业”的重大作用是促使整个社会经济体充满生机、焕发活力，引领社会大众创业舆论潮流，《“世界第二”仅仅意味着一个新的开端》毫不含糊地论证了“世界第二”对我国的深远意义和影响，同时也指出中国经济的“质量增长”还任重道远，引导民众理性面对这一“世界第二”的名号。

其次，网络经济评论有助于增进网民准确理解重大经济社会现象和问题，如《碳关税：绿色面具难掩贸易歧视灵魂》就有助于民众深刻认识欧美国家的贸易歧视政策及其贸易保护主义的实质。中美贸易关系自从两国建立贸易关系以来就在摩擦和曲折中发展，尤其是近年来中美贸易摩擦不断，在这样的背景下来分析这则评论，其揭示意义更为显著。

再次，网络经济评论有利于启发网民理性遵循经济规律办事，如《“宝马之乡”全民放贷崩盘的警示》《从“湖南第一村”的上市悲剧中反思什么？》两篇优秀评论都深入浅出地剖析了违背经济发展运行规律的社会现象，指出其问题实质所在，注重培养民众的理性经济思维，从而引导民众采取理性的经济行动。

最后，网络经济评论有利于督促政府经济职能的规范履行，如《收入分配改革的

---

① 范敏.从受众的“使用与满足”看经济评论的服务性[J].新闻与写作.2004（11）：25.
② 王世华.网络评论再认识：概念、分类、特征及意义[J].编辑之友.2014（10）：48-51.
③ 茅于轼.生活中的经济学[M].福建：暨南大学出版社.2007.

关键在“切饼者后拿”》对收入分配的根本规则进行了阐述，“切饼者后拿”就是监督和引导有关方面实施更加公平合理的收入分配改革措施，《“免费”为“反恐” 卢总经理在忽悠谁？》指斥某些公权人物在“小团体利益”支配下完全有可能把国有资产化作小团体甚至个人囊中之物，警示意义深刻。

（二）网络经济评论的未来趋势

网络经济评论在经济发展日益纷繁复杂的大潮中显得更加不可或缺，那么网络经济评论未来的发展趋势何在呢？首先，网络经济评论的选题范围将不断扩大，随着经济发展日益复杂多元，所面临的选题也将更加多样；其次，评论尺度将更加开放，这主要源于我国社会民主不断进步，网络平台和新媒体渠道日益发达；再次，网络经济评论将更加注重互动传播效果，包括用户回复、短评、讨论、修正等多样化的互动形态将更多地加入其中；最后，网络经济评论的形式将不断创新，随着新媒体层出不穷地诞生和发展，视频、动画、H5、VR、大数据等形式有可能被创新引入新型的评论形态之中。总之，深入理解并有效把握网络经济评论的未来趋势，就能顺势而为，促进网络经济评论不断发展壮大，最终推动我国社会经济健康发展。国家经济有序发展、民生富足常安，这就是网络经济评论的终极诉求。

参考文献

[1]菲德勒 R.媒介形态变化：认识新媒介[M].明安香,译.北京：华夏出版社，2000: 86.

[2]金梦玉.网络新闻实务[M].北京：北京广播学院出版社，2001: 245.

[3]丁法章.漫谈网络新闻评论[J].新闻大学，2008（04）：91-96.

[4]涂光晋.吴惠凡.表达·交流·争论·整合——新媒体时代新闻评论的变化与反思[J].国际新闻界，2011（05）：16-23.

[5]王振业，李舒.新闻评论与电子媒介[M].北京：中国广播电视出版社.2004: 223.

[6]李法宝.新闻评论：发现与表现[M].中山大学出版社.2005: 8.

[7]王鹏.记北京《大公报》《经济评论》周刊的诞生[J].纵横，2002（12）：32.

[8]曼昆 N G.经济学原理[M].梁小民译.机械工业出版社.2005: 4.

[9]范敏.从受众的“使用与满足”看经济评论的服务性[J].新闻与写作.2004（11）：25.

[10]王世华.网络评论再认识：概念、分类、特征及意义[J].编辑之友.2014（10）：48-51.

[11]茅于轼.生活中的经济学[M].广州：暨南大学出版社.2007.

第二节 网络经济评论文本解析

范文一

大众创业：激活全社会每一个细胞

作　　者：子房先生

首发媒体：中国经济网（2015-03-06）

原文链接：http：//views.ce.cn/view/ent/201503/06/t20150306_4740353.shtml

创业一直是本届中央领导集体高度关注的议题。2013年9月，习近平主席在考察中关村时就强调，要最大限度支持科技人员创新创业。从去年全国两会以来，李克强总理多次在国内外公开谈及创业问题，希望在960万平方公里土地上掀起“大众创业”“草根创业”的新浪潮，形成“万众创新”“人人创新”的新态势。

李克强总理在今年的政府工作报告中指出，推动大众创业、万众创新。这既可以扩大就业、增加居民收入，又有利于促进社会纵向流动和公平正义。

大众创业是富民之本。这不仅是一种社会行为，也是一种经济调控，更是“全面建成小康社会”的动力源泉。

激励大众创业、万众创新，就是给青年人在选择人生线条中多谋一种思维、多担一份责任，多一份人生磨炼。“创业”在本质上就是创新精神，激发创造热情。实现小康社会，不但要保障经济持续健康发展，还要保证经济增长的实惠让百姓分享。要达到这一目标，不仅需要合理的制度建设和政策引导，还要激发全民的内心创富动力。

“大众创业、万众创新”需要依靠“全面深化改革”。一年来，政府以“简政放权”为核心，出台了许多扶持政策，让各类高新技术产业的创新热潮成为经济的新亮点。

比如，从去年3月1日开始，以实行注册资本认缴制、“先照后证”、年报公示、“三证合一”等为核心内容的工商登记制度改革陆续在各地“落地生根”。

民间投资创业热情爆发，新注册市场主体井喷式增加。数据显示，新登记注册市场主体达到1,293万户，平均每天新注册企业由改革前的6,900户上升到现在的1.06万户。在推动创业创新方面成果明显，新增企业78%是第三产业，信息技术等创新产业增速达70.32%，这有力地推动了我国科技创新的发展。个体、私营经济增长14.26%，解决了2.5亿人的就业问题。

对政府而言，“法无授权不可为”；对创业者而言，“法无禁止皆可为”。在“全面依法治国”的理念下，一份政府的“权力责任清单”、一份市场准入的“负面清单”，调动着千千万万人的积极性，为经济发展注入了新动力。

权力的边界在哪里？“权力清单”给出了明确的答案。去年，国务院首次公开60个部门的权力清单。之后，多个省份纷纷在网上晒出了全省的权力清单。

通过设定“负面清单”解脱创业者的束缚。只要你有想象力、有创新力，就可以“海阔凭鱼跃，天高任鸟飞”。这样一来，人们创新的活力自然就会迸发出来，创新的氛围也会越来越浓。通过确立“权力清单”限制政府的乱作为。把政府的责任贯穿市场运行全过程，比如维护诚信经营、公平竞争的市场环境等。

在一些部门和地方，政策仍存在落实不到位的情况。如果不解决这一问题，即便国务院“议”了事，“决”了策，但没有“行”自然也就没有“效”。在“全面从严治党”的要求下，大力治理基层官员不作为，才能去除政令不出中南海之弊。

去年6月初，国务院就已派出督察组，在各地区、各部门自查基础上，对16个省（区、市）、27个部门和单位进行了督查，并在自查和实地督查基础上引入第三方评估，以此打通国务院决策部署和出台政策措施贯彻落实的“最先一公里”和“最后一公里”，力破“中梗阻”，确保政令畅通、令行禁止。

同时，国务院严格落实党中央八项规定精神，持之以恒纠正“四风”。政府性楼堂馆所、机关事业单位人员编制、“三公”经费得到有效控制。这些措施对稳增长、促改革、调结构、惠民生发挥了重要作用。

诺贝尔经济学奖得主埃德蒙·菲尔普斯曾说，国家层面的繁荣源自民众对创新过程的普遍参与。在“全面建成小康社会、全面深化改革、全面推进依法治国、全面从严治党”时代主题下，把全社会每一个细胞都激活，使整个经济肌体充满生机，“大众创业、万众创新”就是开启中国经济持续健康发展之门的“金钥匙”。

解析

《大众创业：激活全社会每一个细胞》是一则围绕国家经济社会重要发展战略的及时性评论，选题重要，论证有力。

第一，从选题而言，评论选取了本届中央集体高度关注的一项核心议题——大众创业、万众创新，这项议题直接关涉国家经济社会发展的未来走向和重要突破口。现在，“创新创业”更是已经成为全国性的普遍共识。如我们再来回顾这篇网络评论可以发现，作者在选题上的敏锐判断和精准捕捉值得称赞。

第二，从评论的标题撰写来看，风格上可谓简洁明了、表达精确，作者用了14个字就将“大众创业”的核心要义一举概括了出来。标题中的“细胞”一词用得非常巧妙，细胞是所有生物体最基础的单位，作者在这里通过比喻的方式道出了“大众创业”的实质——全社会所有个体参与创业；标题中使用“激活”一词，则准确地表达了“大众创业”的重大作用是促使整个社会经济体充满生机、焕发活力。

第三，从文本结构层次上而言，文章貌似没有常见的那种严谨的论证结构，但是却又有一条内在线索贯穿始终，那就是“激活”这一关键词。文章在开篇先阐述大众创业的重要性和火热度，作为引入；然后指出“不仅需要合理的制度建设和政策引导，还要激发全民的内心创富力”，一方面举例谈政府的扶持政策，一方面引数据谈民间创业热情；接下来更进一步从“对政府收”“对创业者放”两个截然相反的举措，阐述了应明确政府责任的权力清单和解脱创业者束缚的负面清单；最后结合中央全面深化改革和从严治党的背景，进一步升华了评论主题。

范文二

收入分配改革的关键在“切饼者后拿”

作　　者：荀文若

首发媒体：中国经济网（2012-10-26）

原文链接：http: //views.ce.cn/view/ent/201210/26/t20121026_23789840.shtml

收入分配改革是个老话题了。30多年来，改革基本方向是“效率优先，兼顾公平”。回过头看，“效率优先”，我们成绩十分出色；而另一个目标——公平，我们却还在“摸石头”。

收入分配体制改革从2004年启动以来，8年里“只闻楼梯响，不见人下来”，至今一个具体方案也没能拿出来。但近期有新闻报道称，收入分配制度改革总体方案将于今年第四季度出台。

克服改革疲劳症，实在是可喜可贺。

从新闻来看，收入分配制度改革的目标是“提低”和“控高”。“提低”首先是扩大就业，尤其是要解决低收入家庭的就业问题；其次是提高各项社会保障标准，同时扩大覆盖面，将低收入群体逐步纳入社保覆盖范围。“控高”包括调控部分企业高管、垄断行业、社会某些群体的偏高过高收入。同时，加强个人所得税的征收，规范灰色收入和打击非法收入。

毋庸置疑，这个改革方向是正确的，但要保证收入分配改革能顺利进行，关键还在于“切饼者后拿”。

我们都听说过这样一个故事：一群孩子分一块蛋糕，为了争切蛋糕的权力吵闹了许久。一位老人路过后，那些小孩便请教老人如何平息纷争，老人说，那简单，你们让谁切蛋糕，谁就最后拿。果然，后来每个孩子都得到了满意的蛋糕。

以此类推，收入分配改革就相当于分蛋糕。同样是一块蛋糕，少部分人以前分到的蛋糕大，大部分人分到的蛋糕小，现在的改革要扭转这种情况。以前分得少的人现在要分得多了，这个肯定没有阻力，这些人会举双手双脚赞成，恨不得马上改。问题是以前分得多的人，现在要分得少了，那阻力可就大了。

两个例子的道理是一样的。即一些人在分某一种东西时想采用什么样的方式来分最为公平，最后，这种"切饼者后拿"的方式成了最优的选择。

在贫富差距逐渐扩大的当下，很多人慢慢意识到人的本性是自私的，指望通过某某口号"实现共同富裕"，建立一个"毫不利己、专门利人"的社会是有"乌托邦"情怀的。如果这个"世外桃源"真的存在，那么它的建立更大程度上取决于一种严格的制度规定，而不是仅仅依靠所谓"精神"的力量。

可惜的是，不论是"装睡"的人还是"真醉"的人，他们的思路还都停留在期盼包公转世，幻想"民为贵，社稷次之，君为轻"。但他们恰恰忘了，他们之所以能够"解决温饱、奔向小康"，正是因为改革开放坚持市场化和法治化的方向，约束权力对经济活动的干预和经济资源的支配，切实保护私有产权，逐渐完善市场经济体制的结果。

如今，当越来越多的普通老百姓为"蛋糕渣"争得面红耳赤，甚至恶语相向之时，是否有人想到过收入分配机制本身是有问题的，蛋糕分配是不公平的呢？所以，只有避免出现"那些拿着分食蛋糕的人手中的刀，首先指向的并不是蛋糕本身，而是围绕着蛋糕本来应该分得一块的同桌者"的现象，收入分配改革才能让国人满意。与其指望人人都是"孔繁森"，不如通过完善市场机制、限制政府权力，让人们不能也不敢成为"王宝森"。

分配扭曲不是市场化改革的结果，而是改革不彻底的产物。总之，收入分配改革本质上是制度性改革，遵循"切饼者后拿"的原则、建立约束机制或许比出台一个总体方案更重要。

解析

这篇文章选取了我国经济发展进程中的一个老话题——收入分配改革，专门围绕如何保证收入分配公平的话题展开评述。

该评论的论证思路十分明确，始终聚焦在“切饼者后拿”这一核心主张。评论的由头是新闻报道我国收入分配制度改革总体方案即将出台，作者适时指出其“提低”和“控高”的方向正确，但关键还在于“切饼者后拿”；接下来，作者以一群孩子合理分配蛋糕的故事类比论证，将收入分配改革比作蛋糕，指出谁切蛋糕谁后拿才是最优选择；随后从收入分配机制和制度建设层面进行更深层次的论证；最后再次明确观点：分配扭曲是改革不彻底的产物，改革的本质是制度性改革，应建立约束机制，遵循“切饼者后拿”的原则。

该评论的语言非常诙谐幽默，注重引经据典。如：借用邓小平的名言“摸着石头过河”，来说明改革层面“效率”做得好，而“公平”却还在“摸石头”，暗含对收入分配改革滞后的讽刺意味；在分析收入分配改革相关人士思路时，所说的“装睡”和“真醉”的人，诙谐至极；谈及老百姓在争取收入分配方面的无奈与无力，形容他们为“蛋糕渣”争得面红耳赤甚至恶语相向，却从不去考虑分配机制本身是否存在问题；用“孔繁森”“王宝森”两个截然相反的人物恰当地指出了完善机制、限制权力的意义。

总之，该评论以独特的论证方式和语言，围绕我国经济改革发展中的重大议题——收入分配改革，发出了充分而有力的声音。作品荣获“第二十三届中国新闻奖”三等奖，更加印证了该评论的出色表现。

范文三

“宝马之乡”全民放贷崩盘的警示

作　　者：王兰

首发媒体：人民网（2011-08-09）

原文链接：http：//opinion.people.com.cn/GB/223228/15359319.html

报载，前段时间，在高息诱惑下，江苏泗洪出现“全民放高利贷”的状况，高息高收入，一时间，泗洪街头宝马、奔驰车云集。数月后，借贷大户“失踪”，停止付息，高利贷市场随即崩盘，放贷者们惶惶然等待或以自己的方式追讨贷款。媒体曝光后，当地政府以及相关部门高度重视，并对非法集资案件采取了多种打击措施，成效显著。

值得注意的是，这种现象不仅发生在泗洪，近日厦门、江苏启东等地也出现了类似的高利贷市场资金链断裂事件，造成借贷者“上高速”逃匿、放贷者血本无归或自杀的惨剧。

《最高人民法院关于审理借贷案件的若干意见》第六条规定：“私人借贷利息可适当高于银行利率，但最高不得超过银行同类贷款利率的四倍。”从规定中可以看出，利率高于银行同期贷款利率的四倍以上，就是不受法律保护的高利贷了。由于畸高的借款利息远远超出了金融风险的可控范围，放贷人的资金风险事实上巨大无比。一方面，高额利息使借钱人无力偿还，最终陷入恶性循环，又因债主所迫，容易走上犯罪的道路；另一方面，放贷人也可能会因借钱人逃匿而血本无归。民间借贷并非都是洪水猛兽，但如果缺乏监管，导致“崩盘”，将引发一系列严重后果，容易演变成影响社会稳定的事件，甚至给金融市场带来冲击。因而亟须相关部门整顿规范民间的融资市场，打击非法集资。

一方面，要从根源上治理。融资难是高利贷出现的根源，应大力解决中小企业融资难问题，这有助于戒断其对民间高利贷的依赖。当前资金成本节节攀升，实业经营压力不断加剧，一些民间资本脱离实业领域进入民间借贷市场，相关部门应从资金供给和需求两个方向堵疏结合，给中小企业创造良好的融资和发展环境。

还应该解决民间高利贷监管真空的难题。相对于民间借贷的凶猛，监管则显得相对单薄。目前银监局主要针对银行等金融机构监管；金融办主要监管小额贷款公司；而刑法所规定的非法吸收公众存款行为中，民事法律关系和刑事法律关系交织在一起，使得罪与非罪界限比较模糊，难以界定。而高利贷又总是披着民间借贷的合法外衣，致使民间高利贷的监管成为“无头公案”。因此，政府金融机构应有明确规定，不要形成监管的“真空地带”，使得民间的非法借贷泛滥成灾。

另一方面，政府应加大宣传力度，引导百姓正确投资、消费，增强金融风险防范意识。政府应告知百姓高利贷不受法律保护的违法性质及其巨大的风险，让百姓能自觉拒绝高利诱惑，远离非法集资，既不要做高利贷的“借款人”，也不做“放贷者”，不要掉到高利贷的“陷阱”之中。

解 析

《“宝马之乡”全民放贷崩盘的警示》是蝉联2009、2010年“人民网十大网评人”、人民网特约评论员王兰的一篇优秀评论作品。

该评论的选题十分巧妙，以小见大，引人警醒。“宝马之乡”，指的就是江苏西北部并不发达的宿迁市泗洪县石集乡，在这个乡镇曾经是豪车云集，仅宝马车就多达800辆，因此被网友戏称为“宝马之乡”。如果是依靠当地人的勤劳和智慧，以正当经济手段创造这些显赫财富的话，那也无可厚非。关键是他们的致富路非同一般，他们是通过高利贷的非法集资手段获得暴利的，巨大的风险终于变现，高利贷市场立时崩盘，血本无归成为当地人面对的普遍性恶果。高利贷是我国当时具有一定普遍性的经济现象，多地都发生了高利贷资金链断裂事件。作者针对泗洪县石集乡这个典型个案，以点带面，详细剖析，既彰显了足够的新闻价值，吸引了网民注意力，也给广大网民带来深刻的警示意义。

该评论的文本结构完整、层次非常清晰，思路缜密。首先，文章从江苏泗洪高利贷市场崩盘事件谈起，并指出此类现象绝非一处，而是纷纷出现，点明了这一金融问题的严重性；接着援引《最高人民法院关于审理借贷案件的若干意见》第六条规定，从法律意义上阐述高利贷的危险；在此基础上，提出很有针对性的解决办法：从根源上治理中小企业融资难问题、解决民间高利贷监管真空问题、加大宣传力度引导百姓正确投资、消费。这几条建议切实可行，引人深思，颇具参考价值。

范文四

“世界第二”仅仅意味着一个新的开端

作　　者：丁刚

首发媒体：人民网（2010-08-20）

原文链接：http://opinion.people.com.cn/GB/12491423.html

日本今年第二季度的GDP总值为1.28万亿美元，中国同一季度的GDP为1.33万亿美元，中国已超过日本，成为世界第二大经济体。日本官方近日证实了这一消息。

过去四年中，中国的GDP先后超过意大利、法国、英国和德国，每一次超越都引起了全球舆论的高度关注，也激发了中国民众的自豪感。

GDP总量的提升是一件关系到国家地位的大事情。作为衡量一个国家经济总量最重要的指标，GDP的世界排名在政治、军事、经济、外交和文化等领域，产生的影响十分深远。

不迷信GDP，但也不能小瞧GDP。因为国家的大锅里没有多少油水，百姓的碗里也只能是清汤。没有GDP的增长，不可能更好地解决就业、社保、教育等诸多方面的问题。套用一句俗话，光靠GDP增长是不够的，但没有GDP的增长却是万万不行的。

对比之下，此次中国GDP总量超越日本的消息，在国内没有引起以往那样的热烈反应。中国人不再像过去那样热衷于GDP的增长，表明中国的发展正进入一个新的阶段，民众的注意力开始朝向更能体现社会发展水平的人均GDP。

从近年来对发展的切身感受中，中国人渐渐明白：国强重要，民富更重要；GDP总量重要，人均GDP更重要。光是人均GDP，我们就和日本足足差了3.7万多美元，更不用说其他很多涉及民生的领域了。走进日本会发现，日本人眼下的日子过得虽然有些紧巴，社会却很稳定，因为日本有良好的福利保障。

包括日本在内的发达国家的历史经验表明，GDP增长到一定水平，老百姓的幸福感就会下降。原因在于，当老百姓对生活的要求开始超越温饱，向福利、教育等更多层面扩展，人们的需求就会发生变化，民生问题因而凸显。数据显示，过去10年，中国的平均工资水平要比GDP的增幅更大，但不少人并没有感觉更幸福，要求增加收入的呼声甚至比以往更强烈。

一面是“蜗居”的抱怨，一面是“地王”的涌现；一面是就业难，一面是民工荒……当收入、就业、住房、养老、医保、环保等问题成为中国百姓饭桌上热议的话题，中国GDP的增长进程，也将面临更加复杂的挑战。

过去，日本的成功为中国的发展提供了不少可以借鉴的经验。今天的日本正在遭遇很多发展难题，比如消费动力不足、老龄化、泡沫经济，等等。这些问题同样是中国已经或将要面临的挑战，其难度甚至比日本还要大。因为日本是在已经基本建成相对比较公平的分配体制，并有了相当的经济积累之后才面临这些问题的，而我们则是在仍有1.5亿人收入低于国际贫困线，福利保障方面的积累还远远不够的情况下遭遇的这些挑战。中国仍是一个人均GDP在国际排名100位以后，还有大量的贫困人口的发展中国家。

GDP总量的提升并不必然会带来质量的增长，一个更加完善的分配体制更不会自己从天上掉下来。没有公平的分配，也就很难有GDP数量和质量的持续提升。从这个意义上看，中国GDP总量超越日本成为世界第二，仅仅意味着一个新的开端。

解析

《“世界第二”仅仅意味着一个新的开端》围绕GDP展开了一场极具思辨力、说服力、引导力的论说。

首先，该评论的作者撰写了一个出彩的标题。火候拿捏得十分准确，用词非常考究，逻辑力和思辨力彰显。“世界第二”是一个带有里程碑意义的词汇，中国GDP超越日本，仅次于美国，这个词的使用使其具有了非同一般的震撼；“仅仅”一词又将读者拉回了理性的现实空间，彰显了作者对这一问题进行的理性思考和把握；“新的开端”，既表明“世界第二”仅仅是个开始，后面还有很长的路程要走；同时又表明了这是一个新的开始，是不同以往的开端，挑战和机遇同在，具有很强的思辨意味。

其次，作者的论证过程体现出极为宽阔的视域和直面矛盾的魄力。GDP是衡量一个国家经济总量最重要的指标，作者毫不含糊地论证了“世界第二”对我国具有的深远意义和影响，尤其评论中所言“不迷信GDP，但也不能小瞧GDP”属于点睛之笔，而后一句“国家的大锅里没有多少油水，百姓的碗里也只能是清汤”，形象生动地阐释出了发展GDP的重要性。接着，作者引入“人均GDP的概念”，并毫不隐晦地将中国人均GDP同日本做对比看差距，且能够理性看待和学习日本的有益经验与教训，眼界之开放、胸怀之宽阔可见一斑。作者进而反观中国的现实，直面“蜗居”与“地王”、“就业难”与“民工荒”等一对对的矛盾，指出了中国经济的“质量增长”还任重道远。

范文五

碳关税：绿色面具难掩贸易歧视灵魂

作　　者：至善若水

首发媒体：中国经济网（2009-11-09）
原文链接：http：//views.ce.cn/main/yc/200911/09/t20091109_20373612.shtml

在2009年，人们无法忽视世界经济发展过程中的一个关键词——贸易保护主义。世界经济原本在衰退阴影笼罩下挣扎着复苏，但又遭遇着空前的贸易保护大战。不同于曾经的惩罚性关税、反倾销、反补贴措施等贸易保护惯用的手法，打着"绿色经济"旗号的碳关税成为贸易保护阵营的新成员。

今年6月，随着《美国清洁能源安全法案》在美众议院获得通过后，"碳关税"一词逐渐走进人们的视线。美国开始用贸易的方式制约碳排放，对没有实施温室气体强制减排的国家实施附加贸易关税，从而达到应对全球气候变化的目的。很明显，碳关税与生俱来地被赋予了不容置疑的"使命"，美国充当"世界环境卫士"的姿态看起来很像那么回事。

然而，碳关税真像其标榜的那么富于英雄色彩吗？"碳关税"的提法虽然看起来顺理成章，但仔细分析便会发现其背后隐藏的问题。第一，"碳关税"违背了《京都议定书》"共同但有区别责任"原则。人类排放的二氧化碳80%左右是发达国家在1950年以前工业化进程当中所排放的。征收碳关税无疑是向发展中国家转嫁历史责任，剥夺了发展中国家发展经济的空间。第二，"碳关税"违反了世界贸易组织的基本规则。"碳关税"为加入世界贸易组织的国家设置了贸易壁垒，直接违反了"最惠国待遇原则"，破坏了国际贸易秩序，更不利于多边自由贸易体系的健全和发展。

显然，以“碳减排”带动的低碳经济成为美国“引领世界潮流、主导世界经济”的新武器。这看似是一场没有硝烟的绿色战役，殊不知，“贸易保护”已在其中翻云覆雨，进而让绿色经济变得不再单纯。

应对全球气候变暖是世界各国都需共同承担的责任，中国也不例外。但是“碳关税”不仅不能真正抑制碳排放，反而会使世界卷入更加恶劣的贸易争夺战中。如果开征碳关税，势必会影响我国出口市场中的机电、建材、化工、钢铁等高碳产业，但美国就可以在全球经济一体化的进程中独善其身吗？若各国纷纷效法，按自己的标准征收“碳关税”，产品成本无疑被提高，这既不利于整个全球经济的复苏，也使得全球合作减排机制的初衷因此荡然无存。

从应对气候变化来看，还有一个更富戏剧性的事实——9月22日，美国总统奥巴马曾在气候大会发表演说时承认，美国对于对抗全球暖化存有“疑问与困难”。前后矛盾的说法，难道这是美国在自打嘴巴吗？这种“只许州官放火，不许百姓点灯”的做法让人难以接受。别忘了，这个全球最大的碳排放国曾在2001年一意孤行地退出《京都议定书》。美国曾经的表态无疑证明了“环境保护”是一个多么大的幌子！

在共同应对气候变化的过程中，碳关税不该成为在发达国家与发展中国家之间进行责任转移的资产。要从历史积累的角度来看各国对于碳排放所应负的责任。如果要追本溯源的话，那么谁该为发展中国家成为高排放的角色负责呢？将“碳关税”强加给发展中国家，显然不公平、不合情理。如果一些国家真的有诚意建立全球减排合作机制，何不在环保技术和资金的交流与援助方面多做努力？这比向发展中国家转嫁责任更有意义。

解 析

《碳关税：绿色面具难掩贸易歧视灵魂》是获得2010年第二十届中国新闻奖三等奖的优秀经济评论作品。

评论发表于2009年11月，可以说是作者在掌握了2009年国内外基本经济形势的基础上发表的“宏论”，“宏”并非指长篇大论，相反这则评论比较简短，“宏”指的是作者宏大高远的经济问题理解力和驾驭力。2009年是国内外经济雨雪并至的一年，经历了2008年的世界金融危机，全球经济呈现出自“二战”以来的第一次负增长，而中国自从2001年正式加入世界贸易组织后就以飞快的速度不断迈进经济全球化的深水区，已经不可能摆脱世界经济的影响，当然世界经济也需要中国的给养。“贸易保护主义”一直伴随着世界经济发展进程，但2009年与以往决然不同的是出现了“碳关税”这一新花样，这显然对中国等发展中国家非常不利。在如此复杂的国内外经济形势之下，作者敏锐地捕捉住这一焦点话题展开评论，彰显了选题的价值所在。

该评论通篇内容紧凑，环环相扣，深刻揭示了以美国为首的发达国家制定“碳关税”背后隐藏的丑陋真面目，其间对美国的反讽更是入木三分，酣畅淋漓。“碳关税真像其标榜的那么富于英雄色彩吗？”“但美国就可以在全球经济一体化的进程中独善其身吗？”“前后矛盾的说法，难道这是美国在自打嘴巴吗？”“如果要追本溯源的话，那么谁该为发展中国家成为高排放的角色负责呢？”文中这一系列义正词严的诘问和针脚绵密的论说逻辑，使人读起来极为痛快、过瘾。

范文六

国际金融危机暴露美式经济弊端

作　　者：杨无忌

首发媒体：中国经济网（2008-10-17）

原文链接：http://views.ce.cn/fun/corpus/net/ywj/200810/17/t20081017_17100393.shtml

美国财政部14日宣布，2008财年联邦政府财政赤字达到惊人的4,548.1亿美元，而上一财年赤字仅为今年的三分之一左右；更令人忧虑的是，由于2008财年的截止日是9月30日，“7,000亿美元救市资金”并没有被计算在内，2009财年的财政赤字可能超过8,000亿美元。适逢全球联手救市的关键时刻，相关数据引发了人们对于美元贬值、美元资产缩水的担忧。（10月16日《新闻晨报》）

去年上半年，美国次贷危机逐渐浮出水面。今年9月15日，美国雷曼兄弟公司宣布破产，国际金融危机开始爆发并很快波及欧洲各主要发达国家，全球金融市场一片惨淡。更让人揪心的是，即便在近一个月内美国和欧盟不断出台各种规模空前的补救措施，绝大部分人都不认为这场金融危机会很快过去，美欧等国的“救市”不过是在拖延金融危机向经济危机过渡的时间罢了。

如今我们可以很轻易地发现，一向被很多人奉若标准发展模式的美国经济体系内部原来还存有超乎想象的弊端。目前暴露比较充分的至少有三点：一是过分依赖消费刺激经济；二是虚拟经济泡沫化；三是政府监管不力。

用刺激消费的手段来加速经济发展的方法本来无可厚非，但不加限制的刺激必然会助长畸形消费理念的形成，导致本国资本市场缺乏必要的流动性，无论是政府还是人民都去大量借贷，金融风险焉能不越积越大？

各金融机构为了转嫁自身不断膨胀的金融风险，利用股票、期货、债券、保险等形式的金融衍生品将大量风险打包贩卖出去，在规避了所谓风险的同时也将他人拉下水。风险层层传导，虚拟经济泡沫一再膨胀，终有被戳破的一天，到时谁都无法独善其身。

最大的问题出在美国政府，它在市场监管方面犯下严重错误。作为经济政策的制定者和金融市场的监管者，美国政府对金融危机爆发的隐患视而不见，放任金融泡沫自由泛滥，为了本国的利益而丢弃其本应负担的国际责任和义务，成了危机的始作俑者。在金融危机爆发后，美联邦政府推出了总额达7000亿美元的“救市计划”，被美国人指为用纳税人的钱救私人机构和银行。表面上看，这是在挽救美国金融市场，其实是将危机导入更深的一层，不啻在为危机的扩散推波助澜。

具有讽刺意义的一幕是，始终宣扬自由市场经济的美国在自身遭遇危机后毫不犹豫地放弃了其主张，暴露了他们实用主义至上的利己本性。美国将受危机冲击的银行国有化与其一贯标榜的自由市场原则完全背道而驰，无非是自己死撑而不想让其他国家来抄底。近来流传着更加耸人听闻的消息，称美国可能会用滥发纸币的方法人为制造美元贬值，达到冲抵本国高额债务之目的。目前虽无明确迹象表明美国会真的将此计划付诸实施，但对此我们却不得不防。

有美国专家预测，美国至少需要2年左右的时间才能度过此次危机，实际耗时可能更长。即便如此，美国依然是全球第一大经济体，就算经济连续几年负增长，依然无法撼动其全球经济老大的地位。不过，此次金融危机已使美国式的经济发展神话彻底破灭。当下美国政府正在焦头烂额之中，恐怕也没有时间来反思。话说回来，仅凭损人利己的伎俩去扮演救市的主角是成不了救世主的，没有对发展方式本质问题的思考，不触及危机的症结，任凭你怎么救都于事无补。

解　析

《国际金融危机暴露美式经济弊端》是十分罕见的能够获得中国新闻奖一等奖的网络经济评论。2009年第十九届中国新闻奖评委会能将一则网络经济评论作品评为一等奖，表明这则评论具有非同一般的分量和影响力。

该评论的选题具有非同一般的重大性。2008年国际金融危机爆发，欧美发达国家匆忙采取联合救市方案。世界金融市场乱作一团，这也直接殃及了中国经济的健康发展。此次国际金融危机的始作俑者是美国，这个一直被奉为经济发展神话的世界第一经济大国陷入了无限危机之中。这次金融危机对世界整体经济造成了惊人的负面影响，因此在很长一段时间里成为世界各国舆论关注的最核心议题。作者以此作为评论选题，深刻阐释了美式经济的弊端。

该评论不仅选题重大，而且论证十分给力。首先，作者能在如此简短的篇幅内进行完整细致而又深入浅出的论证，实属难得。这篇评论相对于其他网络经济评论而言，用的篇幅的确较少，但是论证却是相当充分的；其次，这篇评论保持了相当严谨的结构布局，开篇引出金融危机话题后，即展开分析美国经济体系暴露的诸种弊端，分析透彻而简洁。文章随后进一步揭示了美国实用主义至上的利己本性，最后一句话“仅凭损人利己的伎俩去扮演救市的主角是成不了救世主的，没有对发展方式本质问题的思考，不触及危机的症结，任凭你怎么救都于事无补”，将评论主题进一步升华，警醒世界，引人深思。

范文七

爆炸、矿难，山西为何黑色新闻不断？

作　　者：山鬼

首发媒体：中国经济网（2006-07-10）

原文链接：http：//views.ce.cn/fun/corpus/net/sg/200806/30/t20080630_16009363.shtml

7月7日早，山西省忻州市宁武县东寨镇发生炸药爆炸，事故中至今已有49人不幸遇难。向前追溯，同样在忻州，繁峙县砂河镇炸药作坊发生爆炸，10人死亡；4月10日，原平市轩岗镇某煤电公司医院家属楼发生私藏炸药爆炸，34人死亡。

7月5日凌晨，中阳县雷家沟煤矿发生透水事故，6人遇难身亡。7月8日下午6时，河津市下化乡黄河二矿发生瓦斯爆炸事故，目前已知8人死亡。7月8日晚9时，柳林县曹家山煤矿发生透水事故，目前六人被困井下，生死不明。

三个月内的三起私藏炸药爆炸，三天内的三起煤矿恶性事故，对山西人来说，这是一个充斥着黑色新闻的冰冷季节。我们已经习惯于打开电视机，随着晃动的镜头走近某个悲怆的现场，通过这些负面信息才能找到山西的影子，抛却了血与火，光明的消息似乎与山西无缘。矿难、爆炸、超载、车祸，我们在悲痛中思考为何灾祸不断到来，有一抹黑色将所有的一切联系起来，每滴鲜血中都混杂着这种浓重的色彩，没错，那是煤炭的颜色。

煤炭给了山西人富裕的资本，尽管绝大多数山西人仍处于社会贫穷的底端；山西人给了煤炭疯狂的意义，因为生命和煤炭形成如此残忍的置换。

煤带给了山西什么？从1949年到2005年，80亿吨煤从山西流向全国各地，从秦皇岛装船出海运往整个世界，“黑色黄金”点燃了国家的进步之火；但山西人的人均收入至今处于全国倒数几位，汾河断流，难老泉干涸，山西省七分之一的地面已经处于半悬空的状态，公路被超载的大车碾得支离破碎，天空被炼焦的黑烟遮蔽，地下蛛网一样的坑道里有无数渺小矿工的灵魂。

煤矿支撑起山西的经济，而富起来的不是政府，不是人民，是煤老板们，是开着20辆悍马组成的车队浩浩荡荡回乡的煤老板们，是在车展上扬言要连天价的宾利轿车和售车小姐一起买走的煤老板们，是结伴进京提着钱箱子买别墅置地产的煤老板们。这些在福布斯上默默无名的老板们掌握着惊人的财富，一夜暴富在小煤窑丛生的地方不是神话——那些死在恶劣安全条件下的无辜矿工可以作证。他们收敛财富的同时，制造了无数随时可能造成事故的明患或者隐患，文化程度低下的他们在利益驱使下不会顾忌廉价劳动力的生存状态，违禁爆炸物的收藏也是他们知识范围之外的事情。无论是煤矿事故，还是小矿主私人收藏炸药爆炸，所有的血都与山西的煤老板们有关，在今年黑色的夏季，他们注定受到全中国的逼视和责问。

该问责煤炭经济带来的急功近利的态度？

该问责监管制度和监管机构工作不力？

该问责地方政府不作为的姿态和极端追求政绩的心理？

该问责造成腐败滋生、漏洞百出的许可证制度？

该问责官商勾结牢不可破的经济共同体？

该问责年复一年被勒令整改甚至关闭，却年复一年在冒险生产的小煤窑？

我们可以问责一切，但煤老板的贪婪和愚昧才是一切的成因。当这部分人已经能够形成一个阶层，在经济和政治上掌控社会走向，山西人脱离高死亡低收益的煤矿开采就愈显艰难。李毅中局长临危受命，以强硬姿态介入小煤窑管制，可谁都知道那只黑手在被痛打之后或许会收敛，风波过去后照样可以伸出来作恶，釜底抽薪的办法是推进煤矿产业规模化、集约化发展，但面对煤老板阶层和地方政府的利益纠缠能否奏效？只能说，艰难。

2005年山西省煤矿累计发生死亡事故179起，死亡468人，其他与煤矿相关的事故不在统计当中。黑色新闻并非只在今年的夏天眷顾山西，而在我们开始注意到“煤老板”这个词语出现的时候，同时走入我们的视线。山西的声誉被无止境的灾祸消磨，搜索新闻的时候只看到渗漏的污水和爆炸的烈火，偶尔出现的正面新闻也只是环境治理初见成效——为一切收拾残局。山西到底怎么了？我们只能与所有找到问题所在的人们一起，等待问题的最终答案。

解 析

《爆炸、矿难，山西为何黑色新闻不断？》是荣获中国新闻奖二等奖的经济评论作品，作者的评论义正词严、发人深省，同时亦充满了人性关怀，属于经济评论中较为独特的优秀作品。

作者围绕2006年接连发生的爆炸、矿难展开评论。从一定意义上而言，该评论起到了重要的议程设置功能。众所周知，山西的煤炭资源十足丰富，但是围绕煤炭经济所引发的灾难事故频频发生，山西给人们的突出印象就是黑色、煤炭、煤老板……地方经济发展利用资源优势没错，但事故灾难的确不应频繁发生，广大网友更是对山西的黑色经济充满了挞伐和嘲讽。作者写就的这则评论首发于中国经济网，就此设置了网络议程，被其他网站频繁转载，引发了网友们的热烈讨论，将该议题一举推向了网络舆论的风口浪尖，促进了人们对这一问题的进一步关注、思考和解决。

该评论从标题、开头、论证到结尾，各个部分一气呵成，令人读后产生痛快淋漓、同仇敌忾、义不容辞之感。作者在标题中直接责问："山西为何黑色新闻不断？"实际上这一问之中暗含了作者鲜明的批判态度。文章开头一一列出了山西的爆炸、矿难诸次事件，然后将之与山西的煤炭经济相联系，称"这是一个充斥着黑色新闻的冰冷季节""有一抹黑色将所有一切联系起来"，进而论说煤炭到底给山西带来了什么，"煤矿支撑起山西的经济，而富起来的不是政府，不是人民，是煤老板们"，并将事故责任直接归咎于煤老板们的疯狂敛财和毫无良知。文中所展开的连续六个反问，显示出作者对山西黑色经济的深沉思考以及对造成灾难事故的罪魁祸首的深恶痛绝。除了煤老板，作者也在反思有关政绩、监管、腐败等其他深层问题。文章最后，作者发问："山西到底怎么了？"并指出"我们只能与所有找到问题所在的人们一起，等待问题的最终答案"，收尾十分自然。

范文八

“免费”为“反恐” 卢总经理在忽悠谁?

作　　者:徐琛

首发媒体:新华报业网(2005-12-15)

原文链接:http: //news.jschina.com.cn/gb/jschina/news/luntan/6/userobject1ai1104448.html

据报道,广州地铁的每个员工有3名直系亲属名额可以免票。在近日召开的广州地铁票价听证会上,有市民质疑:“根据地铁公司的介绍,共有员工6,000余名,这样算来就有18,000名地铁直系亲属可以享受免费乘坐地铁的待遇。如果地铁员工因为工作需要可以免单,那这18,000名地铁的直系亲属免费也是保证地铁正常运营所必需的成本吗?”

家属免费乘坐地铁这事儿,让我想起前些年某个冬天到朋友家做客,从寒风中进入朋友家门,立刻感觉温暖如春。客厅角落接了一条煤气管道,连在专门的炉子上,炉子上烧着一锅水,热腾腾的。朋友夫人的工作单位是煤气公司,使用煤气可以免费。所以,整个冬天,他们家自制的“取暖器”就这样白天黑夜地烧着,而那会儿,我还在为4,000多元的所谓“管道建设费”郁闷不已。那时候,铁路上也有员工家属免费乘坐火车的说法。不过,这几年,随着企业改制和市场化的逐渐深入,过去垄断行业的特殊员工福利如今已经成为历史。突然听说广州地铁的员工家属还能享受“免费午餐”,我先是一愣,不明白市场经济形势下怎么还会出现这种逆时代潮流而动的事儿。再一想,地铁部门虽然挂着“公司”的名头,好歹属于政府投入和补贴的公益性公共事业,算是垄断型“国企”,出这种事没什么稀奇,也就一笑了之。

不过，及至读到广州地铁公司总经理卢光霖回应市民质疑的一番高论，我不禁哑然，怀疑此君是创作“黑色幽默”的高人。卢光霖总经理说：“众所周知，目前国际恐怖势力猖獗，地铁又是恐怖分子的重点袭击对象，所以必须加强地铁车站、月台、车厢内的反恐力度，地铁员工的力量毕竟有限，而地铁公司又希望每趟列车在碰到任何情况时都有人能够及时地指导救援，那么这些地铁家属就义不容辞地担负起了地铁义务安全员的重要职责。”

原来如此。员工家属免费乘车，居然是为了反恐！卢总经理言之凿凿，只是，大伙儿都是明白人，您这番说辞，是在忽悠谁呢?

不去追究，这些家属“地铁义务安全员”是否有能力与恐怖分子斗争，保护其他乘客的人身财产安全。且按照卢总经理的理论推演，飞机、铁路、轮船、公路，商场，等等，哪一个地方不可能成为恐怖分子“重点袭击的对象呢”？既然如此，我看飞机空乘人员的家属、铁路员工家属、公交客运公司员工家属、轮渡公司员工家属，以及商场营业员家属，大伙统统来做“义务安全员”吧，飞机、火车、大客、轮船，免费乘坐，商场买东西也可以免费嘛。继续推而广之，全民皆可为“义务安全员”了。

加强安全措施利在全民。全民反恐当然是件好事，但首先这一责任应该是按照社会专业分工原则，由经营者配合有关部门去完成，真要让没有受过专业训练的老弱妇孺都去当“反恐精英”，显然是对员工家属们极大的不负责任！当然，也是拿地铁乘客的生命安全和国家财产当作儿戏！其次，无论以什么为借口，扩大员工福利，都可以认定是对国资经营的“职务盗窃”行为，对为地铁建设和运营付出税收、票价等投入的普通乘客都是不公平的！

明明是化公为私，偏偏要拉大旗作虎皮，把丑行称作义举，这位卢总滑天下之大稽的言谈，实在可以列入2005年度大忽悠之列！一朝权在手，便把利来谋。这样的人没有资格担当国资经营人员，因为，我们有理由怀疑他在分不清公众利益和小团体利益的前提下，完全有可能把国有资产化作小团体甚至个人的囊中之物！

解　析

这篇文章选取了“国企员工不当福利问题”这样一个有着典型意义的经济问题进行评论，有着独特的价值。这则评论首发于新华报业网，并于2006年获得第十六届中国新闻奖三等奖。

该评论的矛头指向的是时任广州地铁公司总经理的卢光霖。卢光霖在地铁建设和运营管理上业绩突出，是广东省人大代表、广东省劳动模范、全国五一劳动奖章获得者、享受国务院政府特殊津贴专家。他属于非常实干型的国资公司总经理，然而总是语出惊人。这篇评论实际上就是针对他所说的“员工家属免费乘地铁是为反恐”这一言论。该事件一出，即引起网络舆论一片哗然，徐琛及时撰写这一评论，将该事件推向了舆论之巅，引发了无数网友的讨论和思考。

该评论的标题拟定就很有特色。标题包含两个组成部分，第一部分将该事件的核心要义进行了精炼的概括：“免费”为“反恐”；第二部分用了一个反问句：“卢总经理在忽悠谁？”两部分之间又存在一种有机联系，“免费”为“反恐”正是卢总经理的言论，所加的引号既有突出强调更有否定和讽刺意味，“忽悠”一词用得绝妙，该词原本是东北地区的方言，我们从赵本山的小品中更加熟知了这个词汇，“忽悠”在这里是骗人之意，加上作者使用的反问句式，既亮明了评论的观点，也巧妙地表达出自己的情感偏向。

这则评论的一个突出特点是自由而泼辣的论证风格。作者在摆出事实后，很自然地举了前些年发生在自己身边的另一个类似的例子——煤气公司员工家庭免费用煤气，接着又顺利过渡到卢总经理的高论，称其为创作黑色幽默的高人，进而一步一步论证了卢总经理所谓免费为反恐的言论荒谬之所在。“反恐英雄”“职务盗窃”“把丑行称作义举”“一朝权在手，便把利来谋”等言辞，显得十分泼辣而幽默。

范文九

从“湖南第一村”的上市悲剧中反思什么？

作　　者：马龙生

首发媒体：人民网（2004-05-05）

原文链接：http：//www.people.com.cn/GB/guandian/1036/2480103.html

造上一个时髦的概念，通过一系列虚假手段“增强实力”，再在“公关”上下一番功夫，这几乎就是前些年一些谋求上市的公司如出一辙的做法。被人称为“湖南第一村”的湖南省常德市临澧县太平村太平企业集团，其旗下的昇鑫高新材料股份有限公司，在几年为上市奔波的过程中，续写了同样可悲的历史。

从20年前创办脱水菜厂、年产值37万元起步，发展的顺利使太平集团的当家人大概有些头脑发热，以至于在实力、经验都不具备的情况下，把当初艰苦创业的热情，转移到了涉嫌恶意上市圈钱上。在有了一个自认为不错的项目，“占”下了一个好概念之后，“大跃进”式的思维让他们通过资产虚设、虚注资本、虚增利润、过度举债等方式，吹起一个个五彩斑斓的泡泡。他们想着一旦上市成功，这些泡泡也就成了实打实的“卫星”。可让他们想不到的是，他们没能“推着巨石翻过山顶”，那点可怜的不自量，终被巨石强大的后推所压倒。

太平集团是民间企业，头脑发热也好，举债上市也罢，如果这些都仅仅是企业行为，属于企业所有者、经营者对市场的判断有误，原本也没什么不正常。但是，这家公司从谋划上市到最终破产，却让人分明看到地方政府那只若隐若现的手在操控。

上市失败，给当地银行带来数亿元贷款损失。没有政府背景，仅凭企业信誉，银行再傻，怕是也不会被一个概念泡沫、一幅规划美景所骗住。这些暂且不论，从1998年开始，昇鑫公司就开始为上市做数字游戏，而审计局2003年5月才对其进行审计，发现此时公司的资产负债率已达到172%。而在此后仅一个月，昇鑫公司正式向法院申请破产还债，这到底是为了“还债”，还是为了“逃债”？审计局早干什么去了？

为了应对虚增利润的“后遗症”，昇鑫公司向当地财政局借款，为虚增利润补上那不得不交的税款。我们仅凭“财政局拿钱替企业交税”的可笑做法，政府在其中到底扮演了什么角色，人们还难以感悟吗？不难看出，筹划上市的昇鑫公司，此时已经不再是一家普通的企业，而是当地政府政绩工程的一部分。正因为此，泡泡越吹越大、越吹越薄，但不仅要继续吹，而且还要努力去吹……政府的“造星”运动，把本来就有些盲动的企业，进一步推到了只能前进，不能后退的尴尬境地。

党的“十六大”向全党全国提出了科学发展观的严肃命题，笔者以为，科学发展观的精髓，是科学精神、法治精神、人性化文明意识的有机结合。发展企业的过程，很大程度上就是一个做人的过程，做人要厚道，如果总想着像银广厦那样存心坑害股民，企业发展在战略上就先输掉了；发展企业的过程，也是一个尊重科学的过程，不能指望把白天鹅的羽毛插在丑小鸭身上，丑小鸭也会立即变成白天鹅。“湖南第一村”的上市悲剧，值得企业深思，更值得各级政府反思。

解 析

《从“湖南第一村”的上市悲剧中反思什么？》由连续荣获2004年度、2005年度人民网十大网评人的马龙生先生创作。从标题到论证，体现出了作者严谨的思路和扎实的功底。

该评论的立足点是“反思”，标题中即明确体现出了这一点。作者从开头对湖南第一村上市悲剧的阐释中就带有强烈的反思意味，指出了其“恶意上市圈钱”的不自量力，这是对企业发展路径的反思。接着作者将反思矛头转向了政府，揭示“这家公司从谋划上市到最终破产，却让人分明看到政府那只若隐若现的手在操控”，反思政府一味打造政绩工程的失当，最后上升到科学发展观的命题。一环接一环的反思，共同架构起了一个严谨的评论思路。

从论证的过程和手段可以看出作者具有扎实的评论功底。首先，作者非常擅长挖掘实实在在的证据，如：昇鑫公司1998年开始为上市做数字游戏，审计局2003年才进行审计，资产负债率已高达172%；昇鑫公司向当地财政局借款为虚增利润补交税款……其次，论证的整个过程可见作者对企业上市、经营管理、财政税收等经济知识的理解和运用是游刃有余的，他将这些理论知识恰到好处地融入了整个评论之中；最后，作者的论证既有事实也有道理，还有政策、战略、思想等多维关照，足见其宽广的评论视野。

范文十

“红顶商人化”与“商人红顶化”

作　　者：邵道生

首发媒体：人民网（2003-10-28）

原文链接：http://www.people.com.cn/GB/guandian/1036/2155327.html

“红顶商人化”与“商人红顶化”就是“权力资本化”与“资本权力化”，就是“权力”与“资本”之间关系的异化，就是“当官者”与“商人”之间关系的异化。

本来，“权力”与“资本”本是两个不同的东西，一个属于政治范畴，一个属于经济范畴，因而各自有其职，各自有其道，所以，应该是各行其道、各司其职，若是这样，社会就会健康地、稳定地、理性地发展。

但是，很显然这是文人的一种过于理想主义的乌托邦，是书生坐在象牙塔里的想当然。

实际上，自改革开放以来，在我们的社会上总有一股强大的、看不见的力量，总有一种无形的、难以抗拒的势力让“戴着红顶的权力者”与“有资本的商人”之间的关系发生畸变，让它们的“职”和“道”发生混乱，所以从本质上讲，中国腐败现象之所以会发展、泛滥，就是“权力”与“资本”之间关系畸变、混乱之结果。

这股强大的、看不见的力量和这种无形的、难以抗拒的势力怎样让“权力”与“资本”发生畸变、混乱呢？大致有以下三种：第一种是让“权力”与“资本”进行“乱交”，就是人们常说的进行“权钱交易”，从腐败的角度来说，“权力”是受贿方，“商人”是行贿方，还是各司其“职”，然而行的却是违反党纪国法的“道”，因为是无法无天，我就称其为“乱交”；第二种是“红顶商人化”，也就是我所说的“权力资本化”，当官的嫌腐败的速度太慢，还要经过“商人”一方才能发家致富，就既当官又当商人，省去了“权钱交易”的中间环节，一般来说，这种“官商一体”发达的地方，其腐败发展、泛滥的程度总要比其他地方厉害得多；第三种是“商人红顶化”，即“资本权力化”，将“资本家”或“商人”直接请到权力机构中来，让他们担任具有实权的“副职”，这种形式正在“试点”（可不是“中央行为”），譬如吉林省、江苏省无锡市，譬如最近被媒体大肆宣扬的、上海徐汇区政府的三位“1美元政府官员”[一位是亿唐信息技术服务有限公司董事长兼首席执行官，一位担任软银中国创业投资公司副总裁，一位担任斯密卡投资咨询（上海）公司总裁）]……

这股强大的、看不见的力量和这种无形的、难以抗拒的势力究竟是想干什么？一句话，他们的目标非常明确，就是拼命想“突破”《中共中央、国务院关于进一步制止党政机关和党政干部经商、办企业的规定》的关于“党政机关，包括各级党委机关和国家权力机关、行政机关、审判机关、检察机关以及隶属这些机关编制序列的事业单位，一律不准经商、办企业”的明确规定。

不管这股强大的、看不见的力量和这种无形的、难以抗拒的势力说得多么好听，“权力”与“资本”之间的“乱交”、“红顶商人化”（“权力资本化”）和“商人红顶化”（“资本权力化”）上述“三种形式”的本质就是四个字：官商不分。

不管这股强大的、看不见的力量和这种无形的、难以抗拒的势力请了多大的理论家来“论证”所谓的“红顶商人化”（“权力资本化”）和“商人红顶化”（“资本权力化”）是多么地具有“前卫意义”，也不管有的人将试图“突破”《中共中央、国务院关于进一步制止党政机关和党政干部经商、办企业的规定》的这种做法的社会动机说得多么美好、善良，然而它已经出现的后果、正在出现的后果以及将会出现的后果必然是：权力将会成为有钱人的俱乐部。于是，就会发生以下社会上已经发生的现象：国有的、公有的财富迅速向有权人和有钱人方转移，腐败将会以更加隐蔽的方式迅速蔓延、泛滥，社会财富分配将会更加严重不公，两极分化越来越严重（最近已超过国际警戒线），普通公民的“相对贫困化”、弱势群体的“绝对贫困化”，城市失业率递增、无地农民剧增，一大批“暴富群体”将会更多地涌现于社会之中，当中国社会加强了对腐败打击的力度之后迅速出现的资本外流、贪官外逃……总之，可以这么说，中国社会转型时期的社会问题的产生、发展，有相当多是与“权力”与“资本”之间关系的畸变、混乱联系在一起的。甚至我还可以这么说，当今中国社会存在最大不稳定因素的罪魁祸首，就是这个

“权力”与“资本”之间关系的畸变、混乱。

反腐败要从何反起？我想，就得从“权力”与“资本”之间的“乱交”反起，就得从“红顶商人化”（“权力资本化”）反起，就得从“商人红顶化”（“资本权力化”）反起，这三个方面反得好了，腐败也就会得到较好的治理了。

结束之际想提以下两个问题。

第一个问题是，“先进文化”是“三个代表”的重要组成部分，那么“官商不分”的“红顶商人化”与“商人红顶化”究竟是属于什么性质的文化？难道它还属于先进文化的范畴？

第二个问题是，现在，我们地方的“父母官”不是天天在那儿嚷着要与“中央保持一致”吗？为什么在“官商不能结合”这个根本性的问题上不仅不能保持一致，反而总是处心积虑地想“突破”它呢？

解　析

《“红顶商人化”与“商人红顶化”》发表于2003年10月，是中国著名反腐败研究专家、中国社会科学院社会学研究所研究员邵道生的评论作品。邵道生先生是2004年人民网十大网评人，其言论之大胆、阐释之深刻，令人肃然起敬。

经济腐败问题一直是伴随我国社会主义经济建设过程始终的一大问题，反腐败斗争任务一直都十分艰巨。这篇写于十多年前的评论作品，对今天的反腐败斗争依然深有启发。该选题集中于反腐败问题中的一个核心问题——权力与资本之间的乱象。从评论的标题拟定而言，“红顶商人化”与“商人红顶化”的词汇搭配和使用，既大胆又准确，高度概括出了要批判论证的核心命题。“红顶”代表权力，“商人”拥有资本，二者之间复杂纠葛的关系是酿成经济腐败的要因。作者围绕这一核心命题，洋洋洒洒、纵横捭阖，极具思辨性地进行了详细论述。

作者首先提出“红顶商人化”与“商人红顶化”的社会现象，指出其实质就是社会中的“一股强大的、看不见的力量”促使权力和资本的关系发生异化与畸变；然后分析二者关系畸变的三种情况：权力与资本乱交、权力资本化、资本权力化；进而揭示其目标在突破党规、本质是官商不分；紧接着指出其后果必然是“权力将会成为有钱人的俱乐部”；最后提出反腐败就得从上述三种情况反起，并在收尾之处提了两个问题，答案自在其中，言辞尖锐，饱含讽刺、挞伐的意味，引人深思。

讨论题与练习题

一、讨论题

1. 网络经济新闻评论必然涉及对经济现象的解读，作为一个网络经济新闻的评论者，应该具备怎样的经济学知识素养?

2. 针对网络经济评论的内容和形式两大层面，有人认为对评论内容的准确全面把握更加重要，有人认为应当在把握内容无误的基础上更加注重评论形式的创新，你如何看待这个问题?

二、练习题

1. 结合同一个经济新闻热点，在综合性传统纸媒和网络媒体的评论中各选取两篇，比较分析其写作风格上的异同。

2. 在经济类专业网络媒体和社会性大众网络媒体各选一篇经济评论文章，比较分析两者表达方式的异同。

3. 选取某个较受关注的经济新闻，尝试从不同角度提炼至少三个论点,分别拟出网络经济评论标题。既要吸引眼球，又杜绝做“标题党”。

4. 从党报选择一篇经济新闻评论作品，尝试换角度、换文风进行改写，使文本更具网络语言特色，又不违背基本的语法规律和价值导向。

5. 结合一个备受瞩目的经济事件，写一篇网络经济新闻评论，重点剖析现象，揭示原因，展望趋势，给出建议。尤其要注意把枯燥的数据和经济学原理进行通俗化表达，让老百姓能够轻轻松松看懂。

Chapter 4
第四章　网络体育评论

► 第一节　网络体育评论概论
► 第二节　网络体育评论文本解析

第一节 网络体育评论概论

随着我国体育运动和体育事业的蓬勃发展，越来越多的人成了体育迷，他们热衷于上网搜集体育信息，针对体育赛事或者体育明星发表自己的观点，网络体育评论应运而生。网络体育评论作为一种崭新的评论方式，受到人们的追捧和重视。网络体育评论是体育评论和网络媒体的结合物，由于网络无可比拟的交互性、平等性等特点，使得网络体育评论呈现出了与传统体育评论不同的特点。

一、网络体育评论的概念及其内涵

要想学习、理解和撰写网络体育评论，首先需要对它的概念有一个准确的理解。笔者查阅了目前的相关研究成果，尚未发现对“网络体育评论”的专门诠释。综合有关研究网络评论的文献以及网络体育评论文本自身，笔者综合考量，将“网络体育评论”定义为：以体育运动及其相关人物为言论对象，首发于大众网络媒体的具有完整文本的评价性意见。

根据本研究的定义，对于“网络体育评论”这个概念的内涵，有必要澄清以下三点：第一，考察的视域应该集中在具有大众传播意义的网络媒体上面，而不是将自媒体等网络平台纳入范畴；第二，注重评论文本的相对完整性，真正意义上的评论不能只是表达观点的一两句话、一小段文字，应该是有观点、论据和论证过程的完全文本，新闻跟帖等只言片语的评价性意见应该排除在外；第三，评论的对象是体育领域的新闻事件，有些评论可能与其他领域交叉在一起，但是主要目标面向体育新闻。因此，大众传播、完整文本、体育范畴是“网络体育评论”内涵的核心，理解了这三点，就能很好地掌握这个概念。

体育新闻报道作为网络、广播电视和报刊等媒介的一个重要内容，长期以来一直是媒体所关注的焦点。网络评论作为新兴的评论体裁，自然会关注体育新闻，并以此为素材，写出丰富多彩的网络体育评论，弘扬体育精神，反映体育的整体面貌，探索体育的本质追求，引领理性的体育消费，挖掘大众体育的娱乐价值。网络体育评论凭着对人们的责任心，遵循真实、公道、进步的原则，有助于提高体育活动的质量，推进体育界实现物质文明和精神文明的双赢。

二、网络体育评论的特点

网络体育评论能帮助受众更好地享受体育比赛的全过程，向大众宣扬体育文化和体育精神，加强受众对体育认知能力的培养，促进受众更加深刻地理解和认识竞技体育运动的内涵，激发受众参与体育的兴趣。这种文体具有自己的特点。

（一）体育运动的专业性

常见体育编辑、记者写于现场的动感性较强的剖析文章，这类评论文章的特点是针对性、敏感性强，观点明了，一针见血。比如技战术水平的发挥，教练、运动员水平的发挥，比较具体，具有很强的专业性。体育专家和有一定影响的体育界人士撰写的权威性评论文章，特点是专家语言，定性分析，技术指导，具有纯粹的专业评估意义。普通体育爱好者的“神来之笔”，往往随意、潇洒，文笔优美、有趣，形式既多样又活泼，能使挑剔的受众得到满足。撰写网络体育评论要注意一些必备因素：运动员竞技的赛场、赛场设施、气候条件等；获得奖牌的原因包括对手发挥不好、教练策略有方、运动员的努力等；获奖对运动队、运动员本身甚至是国家的意义，如刘翔夺冠，是亚洲人在世界上第一次获得跨栏冠军；如果强调运动员，则可以描写一下其运动背景、身体条件甚至家庭环境。

（二）观点传递的时效性

对于任何媒体来说，想要在激烈的竞争中抢得先机，必须要做到快速及时地传播新闻信息。网络媒体在这方面有得天独厚的优势，甚至可以做到同步传播，网络体育评论也是如此。网民只需要有一台联网电脑甚至一部手机，就可以对刚刚发生的体育事件做出及时回馈，发表意见，减少了诸多中间环节，也契合了快速的生活节奏。连续不断的滚动新闻能给人们提供多角度的视角，可以促进网络体育评论的动态发展，也带动了评论及时性的提高。

（三）评论渠道的多样性

人们在网络上可以通过各种各样的方式表达自己对于体育的意见：可以选择在网站上发布的新闻后面跟帖；可以自己撰写博客或者通过寥寥数语撰写微博发表看法；也可以在论坛和社区单独发帖或者跟帖与别人进行交流等。这样就促进了“意见的自由市场”形成。每个人都可以畅所欲言，促进了意见的开放性和多样性。当然，最重要的方式还是网络专栏评论，其观点鲜明，篇幅足够，对一个体育事件或者人物能够展开充分的论述、点评。

（四）评论观点的多元性

网络体育新闻评论观点的多元性来源于网络提供的海量空间。传统媒体中，报纸受到版面的限制、广播电视受到时间的限制，对新闻事实的评论非常有限，这种限制既表现在评论的篇幅和时长上，也表现在评论内容的深度和广度上。这些缺陷在网络空间里不复存在。网络体育新闻评论可以集大家之所成，做成一个个相关的专题，将新闻报道和新闻评论放在一个板块中，形成集纳之势，方便网民综合了解各种观点，形成自己的思考，从多角度来深入了解某个体育新闻事件。此外，还可以把过往相关的体育新闻评论集纳成体育评论数据库，网友需要的时候，只要通过相关关键词的检索，就可以查阅到这些信息，这也是网络体育新闻评论优势的一种体现。

（五）意见交流的互动性

网络的出现改变了传统媒体“传者本位”和缺乏反馈互动的现象，作为信息接收者的受众能够更加积极地参与到传播活动中，并把自己的观点和看法通过各种渠道反馈回传播者，从而深刻地影响和改变了传播活动。网络评论拒绝任何形式的“话语霸权”，倡导自由探索，力主平等交流，为公众提供民主的讲坛，构建说话的平台。在网络中，受众能够主动选择自己需要的新闻信息，查看全国网友的见解，并且能够与专家、名人和其他网民就新闻事件展开讨论，在良好的互动中达到对新闻的全方位认知。由于体育的全民性特点，使得这种交互性在网络体育新闻评论中显得尤为突出。网站也充分利用了这个优势，不断进行新的尝试，进一步提高体育新闻评论的互动性，增强号召力，聚集起体育迷，增强了竞争力。例如新浪网站与多位体育名人合作推出了他们的个人博客，这些名人在博客里发表自己的看法，每篇文章都有很高的点击率和大量网民的跟帖评论；搜狐体育频道专门开辟了“互动”板块，由专栏评论、博客、社区等八部分组成，使得网民有更多的途径参与到网络体育评论的意见交流中。

三、网络体育评论的社会功能

（一）开辟了体现民意的通道

首先，网络为网民提供了更为自由的言论平台。其次，少数人的观点不会因为被忽视而淹没。最后，网络体育评论缩短了体育管理者同老百姓的距离。收入本书的《国足屡遭梦魇，动荡才是症结所在》，就是来自草根的意见。作者是个年轻的老球迷，“二十啷当岁，随父看球却已足有小二十年”面对球迷喊出“教练下课，球队解散”的声音，这位作者却很成熟。他说，大可不必如此，不妨换个思路，在哪里跌倒就在哪里爬起，因为足协、球队、教练、球员的思想是一致共鸣的，都想扬我国威，都想挣脱“骂名”。事已至此，不妨给他们一些时间，让他们静静，把那些想做没做的事做完，别再回归“动荡”的轨道，别在原地继续转圈圈。

（二）聚焦体育热点，发挥监督功能

任何媒体都肩负着舆论监督的责任，任何媒介管理者，都一直在寻求最能引导舆论的文章，以期掌握受众的心理，营造正向的良好氛围。而通过网络体育评论这一渠道，可以深入地研究群众的心态及思想，使得网络新闻评论的舆论监督作用得以凸显。

（三）监督体育执法，发挥道德评判作用

既可以利用网络体育评论从侧面监督体育执法者是否做到了公平、公正，又可以在一些体育大事上广开言路，倾听受众的呼声。广大受众可以利用网络新闻评论的强大舆论压力，在网络中直言呼吁，在网络空间树立正确的体育观、价值观。

（四）促进体育文化传播

网络体育评论拥有庞大的受众和广泛的关注，通过对体育行业各方面的观察和评价，在传承和发扬体育文化中肩负起重要的责任。收入本书的《体育的光荣不止于输赢》，论证了体育精神之所在。文章提出：如果说，如何看待成败只是一个运动员的人生必答题，社会如何看待他们的成败，则显现出社会对于体育精神的理解和整体文明的进步。奥运会是人类共同体超越民族、国别、肤色、宗教的盛大聚会，不仅本国运动员的成败牵动着我们的心潮，每一个奥运会参与者的全心投入，无论成败得失，也都令我们感同身受。

（五）疏导社会心理

国人对于中国男足等项目由于一直没有好成绩而产生的社会心理影响，使得很多网络评论始终都对其持嘲笑、谩骂的态度。对于关注中国男足等体育项目的人，其思想会潜移默化地受到各种评论的影响，然后其态度也就会受到影响。网络体育评论的议事主题往往是杂乱无章的，体育赛事中各种项目繁多，时间上也多有重复。要使网络体育评论的议事主题回到主流位置，就有赖于网络评论及其作者、编辑对于当前关键事件的把握，疏导球迷的负面情绪。

收入本书的《国足为何无法复制恒大式成功》，就是一篇理性分析的好文章。文章首先提出问题。三年两次登顶亚洲之巅，两次杀进世俱杯四强，对于刚刚成立5年多的广州恒大淘宝俱乐部来说，无疑是成功的。而国足，为什么就无法复制这种成功呢？经过一系列的陈述、论证，作者得出结论，并且给出了建议。文章认为，国足和恒大之所以在这几年有如此大的反差，不是钱的问题，或者至少钱并非主要的问题，而更多的是管理的问题，而管理则归根结底是人的问题。恒大俱乐部的刘永灼、康冰和柯鹏等高管也并非足球人，但却能在这5年的学习和历练中成为优秀的足球队管理者。作者提出，如果条件所限不能在短时间内组建一个专业的管理团队，也至少要在可能的范围内寻找到热爱并有学习能力的人加以培养。

参考文献

[1]李新生.网络体育新闻评论及实证剖析[J].新闻知识，2011（8）.

[2]刘雨辰，龙畅.我国网络体育新闻评论探析[J].新闻知识，2013（6）.

[3]杨成杰.我国高校新闻学专业实践教学存在的问题及其对策[J].新闻知识，2013（6）.

[4]齐亚宁.网络体育新闻评论及其疏导研究[D].西安：西北大学，2007.

[5]彭钢.我国网络体育新闻评价研究[D].长沙：湖南大学，2011.

第二节　网络体育评论文本解析

范文一

国足屡遭梦魇，动荡才是症结所在

作　　者：李明羽

首发媒体：红网（2015-11-19）

原文链接：http://hlj.rednet.cn/c/2015/11/19/3843251.htm

2018俄罗斯世预赛亚洲区40强赛C组第8轮，国足客场0-0战平中国香港。国足以3胜2平1负积11分依然排在小组第三，中国香港以4胜2平1负积14分排在次席。国足晋级亚洲区12强赛的希望已经颇为渺茫。

笔者是个年轻的老球迷，二十啷当岁，随父看球却已足有小二十年，见证了2002年沈阳五里河冲击韩日世界杯的波澜壮阔，也见证了零比五惨败泰国的颜面扫地，还见证了前不久澳大利亚亚洲杯的凤凰涅槃。可以说，对国足的态度，我总有一种说不出、道不明的感觉，不敢爱太深，也不忍恨太切。爱太深，怕伤得太痛；恨太切，毕竟还是心头肉。

昨晚比赛的过程果不其然地让这种纠结、这分无奈达到极致，面对港足的铁桶阵手足无措，面对懒散混沌的跑位一筹莫展，看不出任何视死如归的精神，看不出一丁点破釜沉舟的魄力。比赛行至尾盘，屡屡气急败坏想关掉电视，却又屡屡克制自己，怕错过绝杀；屡屡想破口大骂出心中的憋屈，却又频频告诫自己要淡定，要相信国足。

然而，梦魇在所难免，又显得如此熟悉。诚然，进球被误判，射门被门柱拒绝，让我们多少有些惋惜。但输球的症结绝不在此，而在于“硬伤”——实力。而实力的今非昔比、不见长进的根本原因则在于“动荡”。

动荡的不仅是球员、球队，还有思路、理念。是动荡，让球员难以拧成一股绳，难以各司其职，恰如其分地扮演好自身角色，彰显出团队的价值，呈现出“1+1>2”的效果。是动荡，让球队难以形成一贯继承的打法，难以打出熟练实用的精巧配合，难以塑造震慑对手的撒手锏，难以走出“中国特色”的足球振兴之路。是动荡，让发展规划几易其稿，使足球水平停滞不前，更让全民足球信心大为沦陷。

赛后，球迷又喊出了“教练下课，球队解散”的声音，大可不必如此，不妨换个思路。在哪里跌倒就在哪里爬起，因为足协、球队、教练、球员的思想是一致共鸣的，都想扬我国威，都想挣脱“骂名”。事已至此，不妨给他们一些时间，让他们静静，把那些想做没做的事做完，别再回归“动荡”的轨道，别在原地继续转圈圈。

还有两天，广州恒大将再次踏上亚冠决赛的赛场，并且很有希望最终问鼎。作为中国足球的一面旗帜，恒大承载了太多国人的梦想，也以其“高效”“稳定”“专业”做足了示范。希望亚冠冠军能多少抚恤球迷受伤于国足的心，也希望假以时日，国足能展现不一样的新风貌，给我们足够的宽慰。

解 析

这篇评论的标题最大限度地反映了文章内容中最重要的信息，言简意赅地表达出了全文的核心论点——动荡才是症结所在。同时，标题的前半部分也陈述清楚了所评论的对象，因而就算只读标题，读者也能明白作者是就何事发表何种观点。常言道，题好一半文，这也是一篇优秀的评论文章所必须具备的。

此文在论点上也颇具新意。关于中国足球的评论文章，可谓多如牛毛，要想在已有的众多观点中写出新意，的确难度不小。过往的评论文章往往局限于一人一事一场比赛，少有从全局层面加以论证的。本文把一场比赛的失利一笔带过，而去探析众多失利、中国足球发展不力的背后的真正问题——动荡，球员的选拔、教练的任命、足球发展规划缺乏连贯性与稳定性。涉及中国足球问题的根本病因，而非一般的就事论事，使得本文的主旨与立意得到了升华，提升了文章的价值。

在论据选择与运用方面，作者既结合了自身多年看球的经历感受，也列举了中国足球自身存在的一系列客观问题，同时，用成功的恒大来帮助自己开展论证，这就使得文章论证严密，更具有说服力。

范文二

中超顶级联赛梦要靠尊重足球规律

作　　者：银玉芝

首发媒体：红网（2015-10-31）

原文链接：http: //hlj.rednet.cn/c/2015/10/31/3827220.htm

中超公司在昨天正式获得了天价赞助，中超联赛新一周期内的电视公共信号制作及全媒体版权卖出了80亿元人民币的价格。中国足协主席蔡振华表示："中超联赛在这个环节实现数额突破，说明我们已经具备了成为世界顶级联赛的能力。希望中超公司或俱乐部借助这股市场的力量，将我们的联赛全面提升。我相信，在未来五年中，中超联赛必将实现质的飞跃。"（10月29日《沈阳晚报》）

从联赛竞技水平角度看，足球打黑之后的最近几年，中国足球联赛的进步，特别是中超联赛的进步有目共睹；从政策和商业层面看，高层对足球的重视，直接引发了商界争先恐后投资足球。今年2月27日，在中央全面深化改革领导小组第十次会议上，审议通过了《中国足球改革总体方案》。这次足球改革方案和过往很大一个不同就是，不再简单关注足球成绩的提升，而是准备给足球松绑，去行政化，让市场来办联赛。可以想见，如果稳步推进这一改革方向，中国足球进步可期,超发展提升不是奢谈。

各方对中国足球的看好，直接推动了中超联赛的天价转播版权。大量的资本涌入，为中国足球职业联赛的提升打下了坚实基础。但在联赛层面，巨资投入的中超，加之上层政策的呵护，竞技公平有保障，中超成为世界顶级联赛可能确实大增。高兴之余，也应冷静，中超重新获得资本市场的青睐，来之不易，要维持并进一步提升中超的商业价值，就需要维护好竞技秩序，尊重足球规律。

需要警惕，随着中国经济地位增强，在足球上一掷千金的现象越来越多。这些投资人无论是国企还是民企，尽管有商业的考虑，但背后总有政治的考量。中国足球几十年挫折的教训一再证明，越是将足球和政治因素绑架紧密，越容易导致揠苗助长、功利主义、讨好领导的现象，而这违反了足球发展的规律。追求短期的政绩和功利回报，只会让足球成为政治的玩物，以致恶性循环。

回顾20世纪90年代，中国足球职业化改革可谓首吃螃蟹，不仅在国内领先于其他体育项目，甚至在亚洲走在前列，让日本、韩国眼红。可惜，短暂的市场繁荣之后，黑哨假球盛行、足球丑闻不断、国足战绩欠佳……市场抛弃中超，甚至连央视都拒不转播。这段历史教训深刻，警示当下。足球运动是人类规则意识、公平文明的体现，而现代足球联赛最需要商业文明，专业和产业化极为重要。如果背弃这一基础，市场必定报应，球迷用脚投票。

过去这些年，我们的足球走了弯路，就是吃了足球行政化程度太深，商业化、职业化被扭曲的苦，中国足球一直被强大的政治因素和商业腐败所裹挟。政府部门最该做的，就是把竞技足球交给社会，交给足够市场化、足够科学专业的联赛去商业化运作。今天，市场再次认可中超，各界期待也很高。作为一名多年的球迷，真切希望相关部门尊重足球规律，让中超早日成为世界顶级联赛。

解　析

本文胜在观点的犀利与独到，在中国职业足球发展的大好形势之下，犹如一针镇静剂，发人深思，令人警醒。中超的发展如火如荼，这固然是中国足球的幸事，但作者也看见了大发展中蕴含的问题与危机，甚至是可能存在的政治投机问题。中国足球常年低迷，不尊重足球规律可谓是罪魁祸首之一，在中超联赛迎来繁荣发展的大好时期，作者重申尊重足球规律的常识，就显得更为难能可贵。不人云亦云，不盲目跟风，这也是一名优秀的评论作者应该具备的品格与专业素养。

除了观点取胜，本文的论证过程也十分讲究。文章先是肯定了中超联赛取得的发展，而这一发展得益于打黑与有关足球的顶层设计出台，这也是足球规律的体现。接着列举了国内一些不尊重足球规律的问题，如黑哨、假球盛行，将中国足球带向了深渊。

在评论文章的写作过程中，需要从正反两方面，甚至是多角度展开论证。切忌为了论证自己的观点，一味堆砌正面论据。要做到既有正面的论据作支撑，也有反面的典型从侧面帮助论证，如此文章才显得更加客观公正，也更加丰满有力。

范文三

看奥运，还得对金牌“去杠杆”

作　　者：谢伟锋

首发媒体：红网（2016-08-08）

原文链接：http://hlj.rednet.cn/c/2016/08/08/4054072.htm

在观战完里约奥运会比赛日第一天过后，很多观众颇为意兴阑珊地表示“不够精彩！”事实果真如此？

在刚刚开始的奥运会正式比赛中，女子10米气步枪决赛，在其改制后就被公认为是当之无愧的“最刺激项目”；而在男子400米自由泳决赛中，孙杨和澳大利亚名将霍顿的“半个手臂”的冠亚军之差，也让人大呼过瘾。更别说在篮球比赛中，赵继伟晃倒梦之队巨星；在女足比赛中，谭茹殷上演惊天吊射破门。单就我们国人关注的这些精彩瞬间，都足以见证这是一次高质量的奥运盛会。

其实，观众们“不够精彩”的潜台词，是因为中国军团在里约奥运会首个比赛日未见金牌入囊，因此感到“激烈有余，精彩不足”。诚然，在首日可以夺金的项目中，女子10米气步枪决赛，杜丽、易思玲双保险“失效”；被寄予厚望的击剑女子重剑被挡在了决赛大门之外；男子400米自由泳决赛里，孙杨惊天大逆转功亏最后一刻，所谓的奥运首日的金牌兜底就此不复存在……然而，不正是无法对奥运金牌以“保险”“内定”，才使得体育竞技充满了未知的无穷魅力吗？如果看到杜丽、孙杨们毫无悬念地登上了最高领奖台，恐怕观众们又会有“索然无味”的另一番感慨了。

对于运动员来说，奥运会金牌是走向人生巅峰的“证物”，但凡有机会争取，必会倾尽全力。而对观看奥运的普罗大众来说，把期盼夺金和欣赏比赛同时做五五开，应该算是比较好的比例。但有些观众却舍本逐末，过于看重金牌花落谁家，而对整个过程不闻不问。“最后告诉我谁拿金牌了。”这其实是把丰盛的奥运大餐给囫囵吞枣了。

2008年北京奥运会上，中国优秀运动员焦刘洋获得一块宝贵的银牌。在其后的一次赠送“奥运英雄”名家字画活动中，轮到焦刘洋时，工作人员问：“你是奥运冠军吗？”焦刘洋摇头。工作人员这样表示：“不好意思，你不是，就没有。”试想下，谁都能体会到焦刘洋被刺痛的尊严。联想到我国的一些优秀运动员获得奥运银牌铜牌时，却垂头丧气，这其中，恐怕就有“没拿金牌，如何向大家交代”的心理落差。而这种语境，往往是外界强加的。

看奥运，论奥运，我们还真得对金牌“去杠杆”。从某种程度上说，对于奥运金牌的掐尖，既是对运动员的隔空施压，也是跟自己的情绪抬杠。想来，观看奥运是件很愉快的事情，毕竟四年才有一次。看到中国运动员夺金，理当欢呼；但如果他们夺得的是银牌、铜牌甚至是没有夺得奖牌，我们也不妨乐在其中。

解 析

出色的标题是本文的一大亮点。“去杠杆”本是经济领域的专业术语，在文章中却被作者巧妙借用至体育领域，从而成了画龙点睛之笔。在评论写作的过程中，这也是一个小窍门，在不影响表达的前提下，可以巧妙借用各种事物，如古诗、流行语、知名广告等来活跃文章的标题，既能使标题显得活泼有趣味性，也能增加读者进一步阅读的欲望。

回到文章本身，里约奥运会期间，尽管大家不像过往那样狂热地看重金牌，但中国队奥运首日不佳的表现，依然引发了观众与网友的担忧与失落，可见国人的金牌情节依然根深蒂固。为了破除“唯金牌论”的观念，作者提出了对金牌“去杠杆”的观点，可谓正当其时，也符合当下对体育本质逐渐厘清的世界大潮。

破除“唯金牌论”，就应该让更多人明白体育的本真与魅力所在。作者也正是循着这条轨迹展开的论证。文章首先展示了众多憾失金牌但依然精彩绝伦的比赛，接着阐述了正是因为金牌具备不确定性，体育比赛存在悬念才得以牵动人心，然后借用刘洋北京奥运会获得银牌后的尴尬遭遇来反证“唯金牌论”的不合理性。通过一系列的铺陈与论证，文末结论的得出也就是水到渠成之事了。

体育评论在论证的过程中切不可想到哪儿写到哪儿，而应该有一条主线贯穿全文，这样做一来可以让所有的论证更好地围绕论点，使论证更紧凑有力；二来可以令文章条理分明、层层递进，更易于说服读者。

范文四

反“金牌至上”不等于讳言金牌

作　　者：凤凰网评论部

首发媒体：凤凰网（2016-08-09）

原文链接：http://news.ifeng.com/opinion/fenghuanglun/190/1.shtml

里约奥运会吸引着全世界的目光。中国代表团的表现屡屡给国人带来惊喜和快乐：孙杨在霍顿的言语挑衅后依然200米夺金，让人感受到赛场内外的波谲云诡、苦尽甘来；傅园慧魔性采访中释放的洪荒之力表情包，更让人感受到体育真正的魅力。

不难看到，金牌越来越不是大家评判奥运、评判运动员的唯一尺度，这是观念的进步、社会的进步。运动员虽然代表国家出征，但在赛场上，他只为挑战自我、挑战极限而战，局外人无权给他们增添额外的压力，只要努力过，金牌得之欣然，失之也不必觉得愧对国家民族。

注重运动的过程、注重过程的欢乐，是对前些年“金牌至上”观念的一种纠偏。经过这些年的发展，中国逐步走出了那种狭隘而又急于在一切领域证明自己的弱者心态。这是年轻一代运动员的幸运，在这样的舆论环境下，他们能更好地享受比赛，而不用背负沉重的金牌负担。

但也要提醒的是，反对“金牌至上”不意味着反金牌。作为竞技体育来说，如果只有欢乐，只有重在参与，没有金牌之争、没有赛场逐鹿，那竞技体育的魅力就会逊色不少。在一个健康的环境下，那些金牌运动员，就是赛场的“王者”，他们配得上更多的关注和欢呼。只不过在赛场之外，应有更广阔的天地，包容尊重那些“冲金失败”的运动员。

所以在奥运期间，关注金牌、关注顶级运动员，并不等于推崇“金牌至上”。运动场上的“金牌至上”和举国体制下的“金牌至上”不是一回事。不能因为反感后者，就讳言对金牌的渴望。一个有问鼎冠军实力的运动员，错失金牌的沮丧、夺得金牌的狂放，都是真性情，都不违体育精神。如果苛求所有运动员都只能“伟光正”地表态不在乎金牌名次，只重在参与、挑战自我之类，就是走进了另一种误区。

对于金牌，智商情商双高的篮球运动员姚明曾有一段话：“在我成长的过程中，体育运动员金牌的榜样作用对我来说是非常大的，激励着我去参与体育运动，从事体育事业。这些榜样是怎么产生的呢？除了日常的艰苦训练还需要有比赛的平台，没有比赛就没有竞争，没有金牌就没有明星。”

金牌对于运动员、对于现代体育来说，本身是有积极作用的。“没有金牌就没有明星”，听起来似乎有些冷酷，但确实是很难颠覆的体育规律。而有没有金牌或体育明星，往往决定了一项运动能否推广、能否有广泛的关注度。因而，反“金牌至上”不能简单理解为不在乎金牌，而是要让金牌体现运动本身的价值，剔除被强加的太多政治、政绩层面的复杂含义。

真正需要警惕的“金牌至上”，更多是在赛场之外。比如，我们的运动员培养体系不能扭曲，不能把资金、资源、注意力统统投入只产生金牌的项目；国家的体育战略不能唯金牌是举，中国在奥运赛场早就是“金牌大国”，但离真正的体育大国还远得很。最基本的体现是，很多城市的公共体育设施远远落后于民众需求。奥运赛场的金牌之光，掩盖不了更大范围的落后和灰暗。

金牌不是评价运动员的唯一指标，更不能成为评价体育官员政绩的唯一指标。过去在“一金遮百丑”的评价体系下，奥运这样的国际赛事还好，国内的全运会丑闻不断，尔虞我诈、明争暗斗，皆因金牌关乎各地体育官员的政绩。这样的“金牌至上”才是丑陋的，是需要摒弃的。

可见，反“金牌至上”至少可体现在两个层面：其一是舆论或者说民众观念的层面，其二是体制的层面。现在舆论层面对金牌已经愈发释然，甚至到了矫枉过正的地步，但在体制层面到底进展几何，还有待观望。什么时候大家可以坦然说金牌，享受金牌带来的纯粹的体育快乐，同时也不遗忘金牌之外更丰富的运动内涵，那才真正意味着金牌不再是国人的“心魔”。

解 析

关于金牌，在去年的里约奥运会期间，媒体与网友可没少展开争论。尽管普通民众依然十分看重金牌，但媒体对于“金牌至上”“唯金牌论”的反思与批判显然已经成为主流，这是种进步，但也显现出某种矫枉过正的迹象，即本文提到的“讳言金牌”。对这种矫枉过正的及时纠偏，是本文最大价值之所在。

一篇好的评论文章，就应该在某种观点占绝对统治地位的时候，提供不同的、有价值的声音，本文显然做到了，因而也产生了较为广泛的影响力。

文章在论证的过程中采用了欲抑先扬的方法。先是表达了对反“金牌至上”的认同，在这部分中选取了傅园慧等正面事例，也陈述了多年来金牌压力下运动员的压力与负担；而在批驳“讳言金牌”部分，则侧重于展现金牌对于体育运动的重要意义。通过两方面的论证，使得文章的观点显得十分理性，也让媒体与民众在反“金牌至上”的大环境下有了理直气壮谈论金牌的勇气。文末提到的从制度层面反思，更是提升了文章的高度。

我们在进行评论写作的时候，应该在既有观点的基础上更加向前一步，有时即便只是一小步，也能让你的观点显得独到新颖。“反弹琵琶”是常用的招式，但这也得依赖作者自身较强的文字驾驭能力。

范文五

大圣，不如做个务实的“弼马温”

作　　者：陈晨曦

首发媒体：人民网（2016-07-07）

原文链接：http://sports.people.com.cn/n1/2016/0707/c404583-28531429.html

冰岛队走了，威尔士成了欧洲杯上仅存的黑马。在1/4决赛3脚踹翻比利时之后，脱缰的威尔士已经四蹄腾空，第一次晋级欧洲杯决赛圈，就想把决赛当作奔跑的草原。

面对挡在面前的葡萄牙，威尔士只待纵身一跃。

对于驾驭黑马的经历，葡萄牙队的记忆不堪回首，12年前在家门口举办的欧洲杯，首战让希腊脱缰，决战助希腊封神。少不更事、模样青涩的C罗，一脸东道主替别人作嫁衣的哀伤与落寞。

4战欧洲杯，C罗从新星变成大哥，头顶上还加持了欧洲第一球星的光环，但想带着小弟打赢对手却变得越来越难。5场比赛，葡萄牙队在常规比赛时间里都跟对手踢成平局，最终靠着加时赛绝杀和点球决胜才冲到半决赛。这一路坎坷，C罗有进球、有担当，对得起自己的身份和地位。

威尔士队中，最可依仗的球星贝尔向C罗发起挑战，5场3球1助攻，同样没有辱没“大圣”名号，而且在进球、突破、抢断各项数据上都压过C罗。这对皇家马德里的队友，终于不再隔空斗法，而是有了两“亿”齐飞的正面碰撞。

从1/8决赛交手本届欧洲杯第一黑马克罗地亚队开始，葡萄牙队就采取了更为务实的战术与对手周旋：缺少在前场可做支点的中锋，就在两翼提速上多做文章；没有从容调度的中场大将，反倒将更多精力放在巩固后防。于是，葡萄牙队低眉顺眼，耐心打起了反击，绝不向重兵把守的威尔士腹地贸然发起进攻。人们看到了更多威尔士球员拿球的场景，却再也看不到贝尔一骑绝尘的反击与突破——因为缺少了拉姆塞，球队只能将组织进攻的重任交到“大圣”身上，却束缚了这匹本应领队狂奔的头马，让他远离了葡萄牙人眼中的危险区域。整场比赛，威尔士队一共有3脚射门打在门框之内，全是贝尔制造，但也全部都发生在远离球门的禁区之外。

给威尔士套上缰绳的，还是C罗。他在禁区内的滞空仿佛脚踏祥云，一记标志性的头槌中的，让对手上半场确立起来的稳固和优势都荡然无存。其实这本来就是葡萄牙队制造的假象，看似踉踉跄跄的散乱脚步，其实是驯服烈马的稳健步调，在让黑马纵情奔跑45分钟之后，驭马者就伺机甩出了套马杆。

在C罗助攻纳尼之后，威尔士队不得不抛弃5后卫阵型，意图用更激进的阵型和打法挽回劣势，面对葡萄牙队的稳健防守，威尔士队却一筹莫展。对手大举压上，本是葡萄牙队利用反击扩大战果的好机会，但这个世界上最伟大探险家的后代们却不去选择冒险，反击的次数和声势都非常克制。比赛的最后阶段，在无谓中消耗的威尔士人已经低头叉腰、气喘吁吁，面对闲庭信步的对手却无可奈何。最终，葡萄牙人用45分钟的时间，用务实的驯马之术让威尔士这匹黑马停下了狂奔的脚步。

就这样，“大圣”归凡尘，“弼马温”升仙界。

解　析

不得不说，本文的标题可谓十分精妙。“大圣”为威尔士球员贝尔的球场绰号，而威尔士队为本届欧洲杯的一匹黑马，最终黑马被葡萄牙的C罗驯服，C罗成了升仙界的“弼马温”，而贝尔则成了归凡间的“大圣”。将大圣与“弼马温”这两个在《西游记》中就对比分明的词汇入题，大大提升了标题的戏剧性与趣味性。如此借用也恰到好处地体现出了贝尔在这场比赛中的表现与处境。

这是一篇针对特定场次比赛的足球评论，这样的评论，当然离不开对比赛双方以及比赛过程、最终结果的介绍。文章运用活泼有趣的语言，将比赛精彩再现于读者的眼前，这十分考验作者的文字功底，也表明了作者自身具备较丰富的体育知识，这往往也是写出一篇较为成熟、精彩的体育评论的基础。这给我们一个启示，在选取体育评论选题时，最好选择自己擅长或者长期关注的体育项目或领域，如果非要写自己不熟悉的领域的文章，那就得加倍努力查找资料、咨询专业人士等，否则不仅文章不可能出彩，还极有可能闹笑话，贻笑大方。

针对特定场次比赛的评论文章，最大的难点是如何再现赛况，既不机械乏味，又不遗漏关键细节，同时在此基础上升华出有一定典型性、代表性的观点。这有赖于作者的长期积累与不断实践。同时，在观看比赛时，要养成边看边记边思的习惯。

范文六

国足为何无法复制恒大式成功?

作　　者：王浩明、严蕾

首发媒体：新华网（2015-12-15）
原文链接：http: //sports.people.com.cn/n1/2015/1216/c22134-27935850.html

绝杀，逆转，在世俱杯，恒大用一场复制1999欧冠决赛曼联逆转拜仁的经典之战，登上中国足球史册，让无数中国球迷狂喜。这种逆转和绝杀的感觉，对中国球迷来说不是“久违了”，而是压根都没有享受过。

这不是恒大第一次写下中国足球的纪录。3年两次登顶亚洲之巅，两次杀进世俱杯四强，对于刚刚成立5年多的广州恒大淘宝俱乐部来说，无疑是成功的。而国足，为什么就无法复制这种成功呢?

有人说，恒大的成功是资本的胜利，是金元足球的胜利。的确，这5年超过20个亿的投入，让恒大能够请来世界顶级的主教练和优秀的内外援，这当然是这个俱乐部成功的关键因素。

然而，国足就该缺钱吗?

其实，国家队是足球领域中最高端的资源，很多国家足协的收入也依赖于国家队的商业开发。体奥动力拿下中超联赛5年的版权花了80亿，中国之队一揽子版权的数额也应当不会太少。除了媒体版权，还有球衣赞助、球迷商品等一系列的商务资源可以开发，在这个世界上球迷最多的国家，如果说国家队缺钱，岂不贻笑大方。

国足不应该缺钱，也确实不缺钱，当时能花大价钱请来卡马乔就是一个很好的例证。然而，在不缺钱的情况下，国足却没能实现竞技层面的有效进步，最根本的原因当然是长期形成的人才匮乏，这个基础性的差距，在短时间内砸多少钱都无法弥补。

然而，在现有人员的基础上，国足也不应该两次被中国香港队逼平，以致世界杯预选赛小组出线希望渺茫。国足完全可以在竞技成绩上更加好看。

反过来看看恒大，不管是2013年还是2015年，恒大在竞技上的胜利都离不开一个出色的教练团队，从里皮到斯科拉里，无论是在训练中体现出来的调教能力，还是关键时刻的临场指挥和换人调整，都是决定性的，这就是世界顶级教练的价值所在。

然而，在解雇卡马乔后，中国足协开启的选帅程序却让人摸不到头脑，在关键战中，佩兰的排兵布阵和临场指挥，相比里皮和斯科拉里的差距，凡是看过比赛的人都心知肚明。

中国足球急需一个世界级的主帅，然而，在卡马乔下课之后的选帅中，中国足协却只在官方网站挂一个中文表格，等待世界名帅前来投奔。结果是，请来了名不见经传的佩兰，带给人的仍然是失望和绝望。

也许有人会说，世界顶级教练不会来当国足主帅。那么看看恒大，当初刘永灼为了请来世界顶级教练多少次飞赴欧洲，带着一沓沓资料登门拜访希丁克、里皮和斯科拉里，当时作为备选教练的斯科拉里竟然能够在里皮任性辞职后，再来接任恒大的主帅……这样的情景，在尝试之前，能够想象得到吗?

更多的管理上的细节先不说了。说点稍微题外的：距离世俱杯这场让无数球迷激动的比赛结束已经过去两天了，亚足联的官网首页用了郑龙和斯科拉里的图滚动并大篇幅报道恒大和广岛在世俱杯上的表现，甚至国际足联官网也把郑龙身披五星红旗庆祝的照片放在首页，但中国足协官网上竟然连一条新闻都没有。恒大代表亚洲闯进了四强，这难道不是中国足球的胜利吗?

因此，国足和恒大之所以在这几年有如此大的反差，不是钱的问题，或者说至少钱并非主要的问题；而更多的是管理的问题，而管理则归根结底是人的问题。恒大俱乐部的刘永灼、康冰和柯鹏等高管也并非足球人，但却能在这五年的学习和历练中成为优秀的足球管理者。国足如果因条件所限不能在短时间内组建一个专业的管理团队，也至少要在可能的范围内寻找到热爱并有学习能力的人加以培养。

解 析

国足注定逃脱不了被拿来与恒大对比的命运，恒大越是成功，特别是在国际赛场越风生水起，国足的处境就越是尴尬。本文也是一篇对比国足与恒大的评论文章，但相比过往诸多类似的文章，该文最大的特点在于以小见大，从点滴的细微之处揭露了国足存在的大问题。

国足与恒大同样不差钱，但一个短短几年就能称霸国内联赛与亚洲赛场，另外一个却只能数十年如一日地挣扎于泥沼中。国足的问题显然太多太多，要想彻底阐述清楚估计可以出本专著了。本文另辟蹊径，选取了几个细节的对比，如从恒大聘请名帅的诚挚到国足选帅的混乱与敷衍，世俱杯恒大获胜后，亚足联、国际足联的重点关注与中国足协官网的毫不关注，一对比立马就发现了双方存在的差距。这就是细节的力量，而细节呈现往往比洪大响亮的说教更有说服力。在提出问题后，作者也顺势提出了解决问题的方案，使文章完整严谨。

细节决定成败，细节同样可以决定一篇评论文章是否优秀。相信读者看完文中的几个细节对比之后，对国足为何无法复制恒大的成功模式，已经有了非常明确的答案。作为评论作者，我们可以借鉴文中以小见大的论证方法，用极具说服力的、具备冲突性的细节来代替大段大段的论证材料，达到四两拨千斤之功效。

范文七

体育的光荣不止于输赢

作　　者：南方网评论员

首发媒体：南方网（2008-08-10）

原文链接：http://view.news.qq.com/a/20080810/000001.htm

奥运大幕开启，各项赛事随即全面展开。开赛首日，举重运动员陈燮霞为中国压得首金，庞伟在10米气手枪项目中为中国再添一金。在为人看重的奥运首枚金牌争夺战——女子10米气步枪比赛中，被视为中国军团首金“双保险”的赵颖慧、杜丽先后挥泪赛场，无缘奥运奖牌。杜丽作为该项比赛的雅典奥运会冠军，此次主场卫冕失利，而8年前即被认为最具奥运冲金实力的赵颖慧，连续3届奥运无缘奖牌。奥运首日赛事，运动员成败输赢留下几多感喟。

重在参与的体育精神，并不主张以成败作为唯一评判。但当一个全力投入的运动员，面对竞争失败的结果，内心沮丧甚至痛苦的情感一定久难平息。正是这种进取心和失落感，激励了所有参与竞逐的运动员向着更快、更高、更强的人类极限发起挑战，这也正是竞技体育带给人类的巅峰体验与超凡魅力所在。面对杜丽、赵颖慧们的失利，媒体和观众多给予了温情鼓励。奥林匹克体育精神，透过每一场赛事让我们学会如何看待竞争的得失成败。

一个运动员如何看待自己的成败，这几乎是决定他们运动生命的上帝之问。在最深刻的体育精神与最现实的成败之间，多少人茫然无措、进退失据，丧失了最后的意志堡垒。就此而言，强调优胜劣汰的体育竞赛，也无异于人类选择的精神磨炼。1988年汉城（首尔）奥运会上，体操王子李宁败走麦城而退役，20年之后，李宁成为点燃北京奥运会主火炬的最终人选。历史对于李宁的选择，展现的正是一个体育精神超越成败的人生故事。而一个优秀的运动员，也必定是在成败得失之间交出最佳答卷的人。

如果说，如何看待成败只是一个运动员的人生必答题，社会如何看待他们的成败，则显现出社会对于体育精神的理解和整体文明的进步。拍摄于20世纪80年代的一部以排球为题材的电影，旨在以体育竞技精神激励社会进取。其中一个情节，是女主角在比赛中获得第二名，感到无比痛苦，在归途中将银牌丢入大海。女主角的道白是："人没有目标就无法生活下去！我要的是金牌，不是银牌。"历经20年变迁，作为奥运会东道主的我们，早已告别了那个唯金牌至上的时代。我们对于奥林匹克精神有了更精深的理解和体会。这也正是奥运来到中国的可喜进步。

随着奥运赛事的密集展开，每一天我们都会看到成败输赢的赛场故事。每个观众，都希望本国（地区）代表队的运动员能站上最高领奖台，中国观众也不例外。这种朴素的情感，也正是民族共同体带给我们的精神激励。奥林匹克运动把全世界各个国家、各个民族、各种肤色、各种信仰的人们聚集到五环旗下，以和平与友谊的名义展开公平竞争。我们从中体会到作为民族共同体一分子的光荣和骄傲、失落和悲伤。但奥林匹克更是人类共同体超越民族、国别、肤色、宗教的盛大聚会，不仅本国运动员的成败牵动着我们的心，每一个奥运会参与者的全心投入，无论成败得失，也都令我们感同身受。

奥运盛会来到中国，奥林匹克精神来到中国，这一次我们不仅仅是派出自己的参赛队伍，投入奥林匹克运动的竞争之中，我们还要对奥林匹克精神、体育精神、大同精神有更深刻的理解，当好善待八方来客的东道主。超越最朴素的民族情感，不仅中国运动员的表现值得我们大声叫好，每一个站在中国土地上的运动员，都要能感受到我们的热情和理解、支持与鼓励。体育的光荣远不止输赢本身，我们对于体育精神的理解，也一定不止于中国运动员的输赢本身。享受体育，享受每一个运动员的成败输赢，奥运精神让我们做得更好。

解 析

体育的光荣不止于输赢，这样的观点，其实在当下已然成为常识，并不具备什么新意了。但我们若考虑到这篇文章发表的时间——2008年北京奥运会期间，此文的意义就不可等闲视之了。北京奥运会可谓是举国体制在体育领域的最鼎盛时期，输赢或者更直接地说金牌是一切的前提与基础，运动员的荣誉、待遇，官员的政绩，都与此挂钩。在这样的大环境下，能发出这样的声音，也可谓是振聋发聩了。

因而，一篇评论文章的最大价值与意义，就在于敢于并能够提供不一样且具备价值的声音与观点，这是我们在从事评论写作的时候需要矢志不渝地追求的目标。

当然，除了观点的新颖独到，本文的论证过程也十分有条理。文章先是用“更高、更快、更强”的奥运精神来说明体育除了输赢还有更多别样的魅力。接下来文章从运动员如何看待成败，以及社会该如何看待运动员的成败两方面展开论证，以李宁的汉城奥运会败走麦城而后退役，到成为北京奥运会点燃主火炬人选等事例，来证明一场比赛的输赢并不能说明什么。最后，在看淡输赢的同时，该如何当好东道主，文章也给出了系统、全面、有针对性的建议。文章既提出了问题，也提供了解决方案，论证的过程也是层层递进，使得最后的结论十分自然，同时，协调严谨的排篇布局也为文章增色不少。

范文八

C罗的极限只有天空……和梅西

作　　者：郑昕、李琳海、何军

首发媒体：新华网（2015-01-13）

原文链接：http://sports.sina.com.cn/r/2015-01-13/10527480996.shtml

从今天起，请叫C罗“三金先生”。

从现在起，作为金球奖得主，葡萄牙人的前方只剩下四连冠的梅西；作为目前地球上最好的进攻手之一，他的极限只有天空。

3座金球奖，葡萄牙人用了7年时间，作为核心在曼联和皇马两支豪门获得欧冠并拿下个人的最高嘉奖，这一点即便梅西也没能够达到。

帮助皇马拿下第10座欧冠奖杯，以17球打破欧冠单赛季进球纪录，在上赛季西甲以31球荣膺最佳射手，并追平本队传奇劳尔的欧冠正赛71球纪录，所有这些数字组成了C罗的2014年。正是这样“全年无休”的好状态，才让他能够力压在世界杯上表现不俗的诺伊尔，以及状态偶有起伏的梅西。

更重要的是，在获得2013年金球奖时就已被人们认为是达到状态巅峰的葡萄牙人，还在用数据和临场表现证明自己正在变得更强。在不少人看来吃体能和爆发力饭的C罗，已克服曾经华而不实的踢球风格，如今的他无论在射门还是盘带上都力求简洁、高效，在射门效率上也有了很大提升。学会更聪明地利用体力，令这位年近30岁的球员在一整年的赛事中始终保持“火力全开”。

谈及成就，也不能避谈遗憾。世界杯的小组出局无疑是C罗在2014年甚至整个职业生涯最大的遗憾之一，但平心而论，以葡萄牙的整体实力，在“死亡之组”中出局并非冷门。3场比赛中，有佩佩红牌的鲁莽，有两门将先后受伤的糟糕运气，这些都是队长C罗无法控制的。他在场上一次次创造机会无果后的沮丧，一定在激励着自己今后变得更强。

国际足联年度颁奖盛典上，C罗坦言：“这是不可思议的一年，我会继续努力。我会尽力继续进步，希望我每天都能变得更好。”尽管在大半年中拖着膝盖伤势，但他依然在攀登着职业生涯的巅峰。巅峰不在脚下，而在未来，永远不在现有的成绩面前止步，这正是C罗受到越来越多人尊重的原因。

同时，向着目标前进的葡萄牙人，眼中不可能没有此刻依旧在他前方的梅西。作为当今足坛“绝代双骄”的存在，很难说梅西近些年的优异表现没有激励好胜心强的C罗不断超越自己。也许正是因为有了对方，C罗和梅西都难以称得上是当之无愧的一代“球王”，但在多年之后回顾这个时代时，人们一定会发现，正是因为有这样互不相让的竞争，才造就了国际足坛在新世纪的头两个10年里就将无数纪录抛之身后的光辉岁月。

C罗的这座金球奖，意味着2014年足坛争夺尘埃落定，也意味着新一轮竞争的开始。我们期待着更多像C罗一样超越梦想的球员挑战“绝代双骄”长达7年的金球垄断，也同样期待C罗不断超越自己，挑战远在天空的极限。

解　析

在称赞优秀运动员的时候，媒体总爱用“XXX的极限只有天空”，但本文标题在这之后，加了个“……和梅西”，使得标题一下逃脱了过往的窠臼，显得俏皮有趣，也深深抓住了读者的眼球与注意力。当然，这样的“画蛇添足”并不影响作者对C罗的褒奖，天空与梅西的一虚一实，恰恰更完美地展现了C罗所取得的巨大成就。

我们在从事评论写作的时候，一定得多花心思打磨文章的标题，标题就是文章的脸面，对网络评论而言，标题更意味着点击与阅读。否则，文章再好，标题无法引人点击，也等于在做无用功。因而，在标题上要多“投机取巧”，多动小心思，使标题做到观点呈现清楚与形式活泼相统一。

C罗成就巨大，作者选取的论据也很具有代表性，帮助皇马拿下第10座欧冠奖杯、西甲最佳射手等一系列成就足以证明2014年C罗的伟大，3座金球奖得主的C罗，极限的确只有天空了，当然还有4座金球奖得主梅西在等待他超越。

从C罗的成就到世界杯的遗憾，再谈到C罗、梅西多年的竞争与共同成长，作者可谓如数家珍，足见其自身对C罗以及国际足坛的关注。专注、专业是写好一篇体育评论的关键之所在，因此，作为体育评论撰稿人，平时要多积累相关的知识与信息。

范文九

刘翔，回到原点说再见

作　　者：吴俊宽、朱翃

首发媒体：新华网（2015-05-18）

原文链接：http: //news.xinhuanet.com/sports/2015-05/18/c_127811647.htm

17日的上海体育场内，刘翔在九位男子110米栏选手的簇拥之下绕场一周，向看台上的观众挥手告别。这也许是刘翔最后一次在这座体育场的赛道内奔跑了。

从2005年国际田联黄金大奖赛落户上海体育场，到随后赛事升级为钻石联赛，10年间男子110米栏的比赛始终是上海站比赛的压轴大戏。2015年的钻石联赛上海站中，这一传统依旧在延续。唯一不同的是，刘翔这位昔日赛道上的主角此次作为嘉宾为获得比赛前3名的选手进行了颁奖。在把鲜花颁给昔日的对手奥利弗和梅里特后，刘翔与他们深情拥抱。

尽管在4月7日已经通过社交媒体宣布了退役的决定，但这次是刘翔正式面对面向观众和媒体说再见。退役仪式开始前，现场大屏幕播放着回顾刘翔职业生涯高光时刻的视频短片，画面中刘翔在雅典奥运会上的夺冠影像还是引发了现场观众热烈的掌声和欢呼，随着画面切换到刘翔的两次奥运伤退经历，看台上又是一片唏嘘感叹。视频的最后，出现了“感谢你，执着飞翔；感谢你，缔造辉煌”的字样，现场再次掌声雷动。随后镜头切回到一旁静静等待的刘翔，他的眼中已经泛起泪光。

简短的退役仪式上，国家体育总局副局长肖天向刘翔颁发了中国田径杰出贡献奖奖杯，以表彰其为中国田径所带来的一系列突破和成绩。在发言之前，身着灰色运动外套和蓝色牛仔裤的刘翔深吸一口气，转过身去，极力控制着自己的情绪。再转过身来时，刘翔的眼睛已明显湿润。

不到5分钟的发言过程中，刘翔数度哽咽停顿。当他说到“我想说在我生涯中碰到过很多困难和挫折，但我从未退缩、逃避、害怕过”时，看台上再次响起热烈的掌声。

随后，刘翔与参加当晚男子110米栏比赛的9位国内外选手一同绕场一周，向观众挥手致意。面对跑道上始终没有被收起的10排栏架，刘翔并没有尝试跨越，而是轻轻地从栏架边跑过。在观众“刘翔！刘翔！”的喊声中，回到原点的刘翔正式告别了自己的运动生涯。

“祝大家生活愉快，祝中国田径未来更美好。”是刘翔最后送出的祝福。

解　析

刘翔，中国体育曾经的旗帜之一，代表了一代人曾经的青春与记忆，他的退役注定会引发高度的关注。标题中提到了“回到原点”，一是指上海体育场，刘翔曾经出发的地方，二是指110米栏比赛的起点，刘翔曾经无数次起跑的地方。双关的修辞，让标题意境更加深远。

本文的特色在于，用述评的方式，还原了刘翔退役仪式的现场，细腻的表述，善于抓住现场那些感人的细节，通过这些细节来表达出作者的情感与观点。此类体育评论的写作，一般胜在华丽的辞藻、细腻的感情、优美的语言，但本文没有走传统的方式，而是用现场细节代替自己发声，也收到了不错的效果。刘翔的两次转身、湿润的眼睛、与9名选手绕场一周、观众的呐喊，这些恰到好处的细节往往比大段大段的抒情更能触动读者的内心。

这也是写作运动员退役等题材的一个要点，要善于抓细节，用感人的细节与事实来帮助自己说理抒情，这样能使文章显得饱满鲜活。

范文十

科比退役 总会有人带走你的青春

作　　者：唐舸

首发媒体：中国新闻网（2016-04-15）

原文链接：http: //sports.163.com/16/0415/10/BKMGA24800051CA1.html

这是一个无法逃避的日子，只能因为科比。

20年来，从青涩的高中生成为联盟的一代传奇，对于科比的存在，这个对张伯伦莫名膜拜、对乔丹集体叹服、对库里无限遐想的篮球世界始终莫衷一是，誉谤交织。即便，在科比的手指上已经戴满了5枚王戒，科蜜和科黑依然水火不容、睚眦必报；即便，科比早已经无愧传奇之名，他究竟是怎么样一位球员的追问依然不绝。

职业生涯的最后一战，科比给出了自己的答案：50次出手，依然贪婪的攻击欲望；60分，依然嗜血的得分能力；15分的逆转，对胜利依然偏执的渴望。这就是科比，即便是日落西山的一刻，他依然带着凌晨4点的星光，爆燃出源自灵魂的光芒。

昨天的一战，其实早在4个月之前就已经排定。湖人群星的莅临，加上对手是已经无欲无求的爵士，一场谢幕的“秀”本应该是一场情怀的宣泄，科比只需要洒出一片曾经的沧海，就足以带走一代人的青春。但他依然吐出了黑曼巴的蛇信，以力战的姿态宣示着他为什么是独一无二的科比，而不是曾经的谁——昨天的科比，就像是赵子龙年过花甲却依然单骑杀入百万曹军，气贯长虹，撕裂着无情岁月，更撩拨起逝去的韶华。

这是一个无法逃避的日子，也不仅仅是因为科比。

就在科比在斯台普斯完美谢幕的同时，千里之外的奥克兰，另外一座丰碑又拔地而起，带领着一群“勇士”的库里用创纪录的单赛季402个三分球，完成对公牛单赛季72胜的超越——现象级的科比刚刚长剑入鞘，现象级的库里却已经龙吟九天。

有时候，你不得不佩服NBA的造梦能力，在这样一个原本平淡无奇的常规比赛收官日，两代传奇隔空无缝交接。一代人的青春刚刚谢幕，另一代人的青春却在喷薄而出。其实，青春的舞台从来就没有退出过NBA的江湖，传奇之后的传奇让这个篮球殿堂总是物华天宝，英雄辈出。

其实，总会有人带走你的青春。70后因为乔丹白头搔更短，80后因为科比叹逝水流年，不知道多少年之后，90后们会不会因为库里、詹姆斯同叹这一声。

解析

科比退役，绝对算得上2016年体育界的重大事件之一。这样的重大事件，体育评论当然也不能缺位，作者的选题可谓相当及时与应景，这也是评论文章时效性的要求。

有关退役的评论文章，煽情自然是少不了的套路，本文也没能免俗。本文标题将科比与你我的青春紧紧联系在了一起，一下子就将关注科比的读者带入退役离别的伤感情绪之中，很好地营造了全文所想要达到的氛围。在从事评论写作的过程中，要注意将文章与读者联系起来，让读者有代入感，让他们觉得文章想表达的东西与自己有关联，这样更能得到读者的认同。

这篇文章在写作上颇费心思，排篇布局十分巧妙。“这是一个无法逃避的日子，只能因为科比。”“这是一个无法逃避的日子，也不仅仅是因为科比。”两句看似矛盾的话语统领全文，也为行文奠定了基本的思路。前半部分主要侧重科比职业生涯所取得的成就，带给球迷的无数令人铭记与回忆的瞬间；后半部分则主要表达NBA的传承，科比尽管退役，但终究会有属于另一代人青春的球星诞生，延续科比的传奇，这也是对科比的最好怀念。

这是一篇非常典型的“退役类”体育评论文章，煽情飙泪、辞藻华丽。“气贯长虹，撕裂无情岁月，更撩拨起逝去的韶华。”“现象级的科比刚刚长剑入鞘，现象级的库里却已经龙吟九天。”优美的语言，无疑是抒情的利器之一。这也给体育评论作者提出了更多要求，在完整严密论证的同时，也要注意文学素养的积累与提升，这样在从事写作的过程中才会更加得心应手，如鱼得水。

讨论题与练习题

一、讨论题

1.网络体育评论在推动体育事业发展、体育运动参与方面，承担着什么样的责任？

2.网络体育评论在领域专业性与受众可读性之间应如何实现平衡？专业性该向可读性让步吗？

二、练习题

1.聚集同一个体育新闻事件，分别从人民网、新华网等综合性主流媒体及虎扑、懂球帝等专业性商业媒体选取一篇评论文章，比较分析其写作风格上的差异。

2.网络时代，文章标题重要性更加凸显，搜集至少五个吸引你的网络体育评论标题，分析其亮点所在。

3.选取当下热点体育现象或自己感兴趣的一则体育新闻，试写一篇立意新颖的网络评论。标题需醒目，但要杜绝“标题党”。

4.从主流纸媒选择一篇体育新闻评论作品，尝试换角度、换文风进行改写，使文本既具网络语言特色，又不违背基本的语法规律和价值导向。

5.网络体育评论形式多样，在短视频风行的时代，视频体育评论更是大行其道，寻找相关作品学习，并尝试创作一篇自己的视频体育评论作品。

Chapter 5
第五章　网络文化评论

► 第一节　网络文化评论概论
► 第二节　网络文化评论文本解析

第一节 网络文化评论概论

网络文化评论是在网络媒体的迅速发展和大众文化的异常繁荣的双重背景下，逐步成熟和壮大起来的一种网络评论形式。大众文化的健康繁荣和人们文化生活的有序发展，需要网络文化评论的关注和引导。与传统媒体评论相比，网络文化评论具有鲜明的“后现代”特征，它的对象丰富、结构多元、语言生动、手法多样，“网味”十足，值得关注。

一、网络文化评论的概念及其内涵

笔者通过对相关文献的检索和查阅，目前仍未发现有对“网络文化评论”的概念进行界定和解释的相关文献，但有部分文献针对“网络评论”或“网络新闻评论”的概念及范畴进行了讨论。如王振业、李舒认为，网络评论从本质上是一种意见信息，是个人或组织在网络媒体上就新闻事件或社会现象、社会问题发表的评价性意见。这种观点抓住了“意见”的本质，但评论的对象仅限于新闻事件或社会现象、社会问题显得相对狭隘。邹伟、何志武认为，网络评论是广义上的，指的是网友通过投稿、发帖等各种渠道发布在网上的新闻评论作品，较长篇的评论文章和一两句话的论坛者都在此列。网络评论大致可以划分为网络评论专栏、读者即时评论和网络论坛言论三种形式。与此类似的还有黄昕的观点。他认为，网络评论包括网络评论专栏（包括新闻网站的时评、个人博客等）、留言板跟帖和网络论坛（BBS）评论三个基本类型。这些观点将一两句话的论坛发言、留言、跟帖纳入网络评论的范畴，拓展了我们的视野，但仅限于论坛的范围，没有考虑媒体技术的新进展所带来的网络评论外延的新变化。韩立新认为，网络新闻评论是建立在网络传播技术和传播方式的基础上，并在网络媒体上传播的新闻评论。这种观点突出了网络评论的载体特性，具有一定的启示意义，但它只侧重新闻评论，对于非新闻性的评论则没有考虑。王世华在综合梳理现有观点的基础上，对网络评论的概念进行了重新界定，他认为，网络评论应当是典型的基于互联网环境的观点/意见，也就是网络言论，它有狭义、中义和广义之分。狭义的网络评论即文本式网络新闻评论。中义的网络评论就是网络新闻评论，即除文本以外，还包括具有新闻性和时效性的其他新闻评论形式，比如新闻漫画、评论化图片等。而广义的网络评论包括网络媒体上具有或不具有新闻性、时效性的其他所有评论形式。这种观点具有一定的新意，明确地区分了网络评论和网络新闻评论的不同，同时还延伸了网络评论的类型，将其他非文本形式的评论也纳入了网络评论的范畴，进一步扩展了我们的研究视野。

此外，王世华还提及了网络文化评论，认为它是按评论对象进行划分的一类网络评论类型，是针对具有宏大主题的文化现象进行评说的政论文，它的新闻性和时效性均很弱。这种观点对于我们理解和认识网络文化评论具有一定的启示意义，但是笔者并不完全同意他的观点，网络文化评论的对象不一定只是具有宏大主题的文化现象，容易引发争议的文化问题和现象也应该是网络文化评论的对象。综合各种观点，本书认为，网络文化评论是借助互联网和移动互联网等网络载体形式，就某一文化现象、文化问题或文化作品所发表的相关的评论文章。

根据以上的定义，基本可以搞清楚网络文化评论的内涵。首先，想要严格而精确地定义文化的内涵是一件十分困难的事情。在不同的学科领域、不同的背景之下，文化有着多重含义。其中，最广为人知的文化界定当属英国文化学家泰勒。1871年，泰勒在《原始文化》一书中提出，文化是包括知识、信仰、艺术、道德、法律、习俗和任何人作为一名社会成员而获得的能力和习惯在内的复杂整体。而学者克利福德·格尔茨则强调文化具有“深厚意蕴”，用它来指一个社会的全部生活方式，包括它的价值观、习俗、象征、体制及人际关系，等等。塞缪尔·亨廷顿在《文化的重要作用》一书中则从纯主观的角度来界定“文化”的含义，指一个社会中的价值观、态度、新年、去向以及人们普遍持有的见解。事实上，在社会生活中，人们常常使用“文化”一词来指一个社会的知识、音乐、艺术和文学成品，即社会的“高文化”。

由于文化具有的多样性和复杂性，很难给文化做一个精确的分类。有些人类学家将文化划分为三个层次：第一层次为“高级文化”（high culture），包括哲学、文学、艺术、宗教等；第二层次为“大众文化”（popular culture），主要是指人们的习俗、仪式以及包括衣食住行、人际关系各方面的生活方式；第三层次为“深层文化”（deep culture），主要指价值观的美丑定义，时间取向，生活节奏，解决问题的方式以及与性别、阶层、职业、亲属关系相关的个人角色。其中，高级文化和大众文化都植根于深层文化，而深层文化的某一概念又以一种习俗或生活方式反映在大众文化之中，以一种艺术形式或文学主题反映在高级文化之中。也有人认为，文化包括四个层次：第一为物态文化层，它由物化的知识力量构成，是人的物质生产活动及其产品的总和，是可感知的、具有物质实体的文化事物；第二为制度文化层，由人类在社会实践中建立的各种社会规范构成。包括社会经济制度婚姻制度，家族制度，政治法律制度，以及家族、民族、国家、经济、政治、宗教社团、教育、科技、艺术组织等；第三为行为文化层，以民风民俗形态出现，多见于日常起居及动作，具有鲜明的民族、地域特色；第四为心态文化层，由人类社会实践和意识活动中经过长期孕育而形成的价值观念、审美情趣、思维方式等构成，是文化的核心部分。

事实上，想要清晰界定什么是文化，想要明确地为文化做一个分类，都是徒劳无功的，这就决定了想要精确定义网络文化评论的内涵，想要穷尽网络文化评论的对象几乎是不可能完成的任务。当然，这并不意味着网络文化评论就捉摸不定，无法把握，在本书中，网络文化评论的对象主要是有争议或引起广泛关注的文化现象、文化问题或文化作品，主要以大众文化为主，而高文化的评论则由专业的文艺批评来完成，并不在本书的讨论范围之内。

二、网络文化评论的特点

与其他评论一样，网络文化评论也具有鲜明的时代性、群众性、引导性和社会责任感，但是网络文化评论也具有一些自己的特色，具体表现在以下几个方面：

（一）题材广泛，内容丰富

网络文化评论的题材范围是十分广泛的，内容十分丰富。社会生活中出现的某种文化现象、文化问题，国家或相关部门颁布的文化政策法规、文化管理措施，文化产业领域的某些新动态、新举措，大众文化中出现的某些新事件、新情况，影视评论，等等，都可以成为网络文化评论的对象。例如《垃圾广告泛滥——主流文化在武汉公交上失势？》一文灵感来源于作者的日常生活，它针对武汉公交车上垃圾广告泛滥的现象进行评论，引发了人们的深思。而《践行文化自信，让中华文化走向世界》一文灵感则来源于习近平总书记的重要讲话，该文详细解读了为什么要建立文化自信，如何建立文化自信，为人们做出了良好的思想指引。《不要把名人故居做成“文化快餐”》针对各地跟风似地出现为寻找能与当地沾边的名人，而不顾其文化根源，盲目“上马”某些工程或项目从而造成资源浪费的现象进行了批判，引导人们正确认识名人价值。《〈余罪〉饱含真实的人性》则是一篇影评，该文针对年轻人非常喜欢的一部网剧《余罪》进行评论，分析了该剧的基本内容、角色塑造、故事讲述等成功要素，指出了该剧红火的原因。

（二）结构多样，逻辑合理

网络文化评论的行文结构也比较多样化，正论、驳论等论述方式均可以采用，归纳、演绎、抽象、概括等各种逻辑思考模式也都可以使用，没有固定模式。《莫让“弹幕”成网络低俗文化的阵地》一文从正反两面展开论述，一方面，作者不断提醒人们，“低俗”把自己的魔爪伸向了新兴的“弹幕”平台，并且以迅雷不及掩耳之势弥漫扩散开来。另一方面，作者又宽慰人们也不用过于担忧，毕竟此前对论坛、微博等平台的整治已经给我们提供了许多可以借鉴的成功经验。《不要把名人故居做成“文化快餐”》这篇评论采取了驳论的形式，文章一开篇便简要叙述了因河南南阳市宣布举办诸葛亮文化旅游节而引发了湖北襄阳不满的新闻事件，树立了靶子，后文不断针对这个“靶子”加以驳斥，呼吁人们重新认识名人的文化价值和文化根源。

（三）语言生动，手法多元

网络文化评论的语言一般比较生动活泼、幽默风趣、犀利干练，写作手法十分多元，比喻、象征、反问、设问、排比、引用等多种表现手法都可以使用，这也使得网络文化评论的文风比较活泼，比较符合网民的接受心理和阅读习惯。《少服些“葛优躺”牌的精神软骨散》特别有意思，它借用了网络流行语“葛优躺”，并用比喻的手法告诫人们应当告别精神上的“葛优躺”，应当少服些“葛优躺”牌的精神软骨散，妙趣横生。《垃圾广告泛滥——主流文化在武汉公交上失势？》这篇文章的语言表达也颇具特色。在文章的前半部分，作者借用了李白的诗歌《将进酒》“君不见”的句式，通过三段文字列举并痛斥了武汉公交车上垃圾广告大行其道的现实。之后作者又运用大量的反问和诘问，语言辛辣，讽刺意味强烈。《“烂片时代”是商业喧哗下的急功近利》这篇文章的文风犀利，语言辛辣，作者频繁使用反问句对当前中国影视剧市场的乱象进行批判，入木三分，发人深省。在论证过程中，作者还多次采用类比的手法，批驳错误的观点，分析说理深入透彻，有说服力。

（四）导向正确，弘扬正能量

由于文化对于社会生活和人们的思想具有重要的影响，网络文化评论也必须强调舆论引导和价值观引领作用。在写作网络文化评论时，我们不仅应当警示人们在社会文化生活中出现的不良现象和错误思想，更应当传播正确的思想观念和价值观，弘扬社会正能量。在这方面《节日之思，文化遗产应融入现代生活》起到了良好的示范作用，该文从“文化遗产日”出发，提出“我们除了吃粽子赛龙舟临风凭吊屈原外，还可以畅游博物馆和文化遗产地，欣赏厚重文化家底，梳理中华文明传承，激活传统文化基因”的观点。文章不但论证了“让文化遗产融入现代生活，具有历史的必然性和现实的必要性”的观点，而且也指出了当前存在的提炼不出更多的文化元素，文化遗产面临被毁灭的命运，众多的不今不古、不巧不拙的拆建又复古的建筑体现了文化的迷失等问题，发人深省。同样写作于端午节期间的《用深厚传统文化涵养民族未来》，从端午文化发端，从屈原的爱国情怀说开去，落脚于用传统文化涵养民族的未来，强调“爱国主义是一个国家的全民最大公约数，抓住每一个细节，哪怕是吃粽子、过端午节，都不忘爱国情怀”，点明了“用深厚的传统文化涵养民族的未来，在当下必须又迫切”的主旨，同样也起到了一定的价值观引导的作用，发挥了舆论引导的作用。

三、网络文化评论的社会功能

网络文化评论作为网络评论的重要组成，能影响人们的认知和思维方式，也能起到价值观引导的作用，从而产生一定的社会影响。总体而言，网络文化评论的社会功能主要体现在以下几个方面：

（一）聚焦文化热点，体现价值引导

人们共同关注的文化热点问题是网络文化评论的重要对象，针对这些文化热点事件中的问题和现象进行评论，能够帮助人们透过现象看本质，树立正确的价值观。例如《莫让“弹幕”成网络低俗文化的阵地》一文抓住当前网络上热门的“弹幕”现象进行分析，指出了其中隐含的低俗文化入侵的隐患，起到了价值观引导的作用。而《〈余罪〉饱含真实的人性》一文则以当下十分火热的网络影视剧《余罪》为评论对象，对该剧能引发人们共鸣的原因进行了探讨，并呼吁影视剧市场推出更多精品。

（二）关注文化问题，发挥舆论监督

关注社会文化生活中的某些不良倾向和问题，并对之展开评论，发挥舆论监督的功能，这是网络文化评论的重要功能之一。例如《不要把名人故居做成“文化快餐”》就驳斥了当前各地出现了盲目上马各类“名人故居”项目的现象，认为这种行为实则是一种“文化快餐”，而“这种快餐只能填饱当地的钱袋子跟观赏者的虚荣之心，并没有任何营养价值”，发挥了网络文化评论的舆论监督职责。《“烂片时代”是商业喧哗下的急功近利》一文把脉当前中国电影市场，对中国电影市场存在的急功近利的现象进行批评，提出了“没有精品意识就走不出‘烂片时代’，需要提高编剧的价值，需要严格审批，需要解放思想，需要少些产品，多些精品”的观点，发挥了舆论引导的作用。

（三）解读文化政策，促进产业繁荣

解读文化相关政策法规，分析文化管理新举措，促进与文化相关的各类产业的繁荣，也是网络文化评论的重要功能。《践行文化自信，让中华文化走向世界》一文就对习近平总书记的重要讲话进行了解读，诠释了建立文化自信，促进中华文化走向世界的路径。

（四）反映文化心态，传递正能量

网络文化评论需要关注社会活动中出现的某些新的文化价值观念、审美情趣、思维方式等，针对这些社会文化心态进行评论，能够发挥网络文化评论的价值观引导作用，传递社会正气和正能量，维护社会稳定。例如《节日之思，文化遗产应融入现代生活》和《用深厚传统文化涵养民族未来》这两篇文章都关注了传统文化的问题，引导人们树立起保护文化遗产，坚持爱国情怀的思想，弘扬了社会主义核心价值观，传递了社会正能量。

总之，网络文化评论的对象范围十分广泛，表现手法也十分多元，语言风格多样，但必须坚持正确的舆论导向，起到价值观引领的作用。

参考文献

[1]王振业，李舒. 新闻评论与电子媒介[M]. 北京：中国广播电视出版社，2004：222-223.

[2]邹伟，何志武.网络评论的自由与控制[J].新闻界，2003（2）.

[3]黄昕.网络评论的舆论监督功能[J].青年记者，2009（8月中）.

[4]韩立新.新闻评论学教程[M]. 郑州：郑州大学出版社，2008：159.

[5]王世华.网络评论再认识：概念、分类、特征及意义[J].编辑之友，2014（10）.

[6]亨廷顿 S,哈里森 L. 文化的重要作用——价值观如何影响人类进步[M]. 程克雄，译. 北京：新华出版社，2010：8-9.

第二节　网络文化评论文本解析

范文一

垃圾广告泛滥

——主流文化在武汉公交上失势?

作　　者: 徐剑桥

首发媒体: 荆楚网 (2006-09-20)

原文链接: http: //bbs.cnhubei.com/dispbbs.asp? boardid=121&id=672892

我是再也不能忍受武汉的公交车广告了。套用一句再俗不过的话那就叫“是可忍，孰不可忍”!

闻武汉公交车广告乱播之“美名”久矣，我也曾数次在极度的厌恶和不爽中忍受这种扯淡广告的“视听强奸”，这种“强奸”来得是那么突然那么迅猛，那么查无对证，以至于你都来不及躲避这种痛苦遭遇，只能任由你的视听被污染。

鄙人今天乘坐413路到汉阳，一路被“二十六味帝皇丸”的垃圾广告折磨得死去活来。本人当然不是第一次听闻这种广告，但是在公交车上，在如此的公共场合，这种壮阳广告如此赤裸裸地反复播放，怎能不让人出离愤怒?

除了愤怒，还有尴尬，还有对武汉公交“死猪不怕开水烫”这种生存态度的深深不解。

武汉的公交，除了声名早已远扬的喜欢飙车超车、服务态度差、司乘人员素质不高外，现在又加进来一个公交垃圾广告泛滥的坏名声，武汉公交正在一条“不正之风”的道路上渐行渐远。

君不见车载电视广告的肆意轰炸，信息量少不说还大量充斥着一些旧新闻，诸如人流广告、丰胸整形广告、壮阳广告、那更是犹如黄河之水滔滔不绝。

君不见车扶手广告尽被琳琅满目的男科、妇科广告占领阵地，这些广告有些还公然打着“公益”的旗号上架，公交车于是乎成了名副其实的广告宣传车，公交车真的已经被广告武装到了“牙齿”。

君不见语音报站广告已经明目张胆地成为一些商家的私家宣传武器，公交报站已经从纯公益性的行为演变成愈演愈烈的商业行为。

于是，我们惊奇地看到一种文化形象在武汉的公交车上流行：垃圾广告大行其道，商业广告如火如荼，而一些公益性的正儿八经的主流文化广告却踪影全无。

于是，我就只好做出一个武断却真实的论断：主流文化在武汉公交车上彻底失势了！事实上，我想问的是，武汉的公交车上什么时候出现过主流文化的影子？

这种失势的原因何在？我倒很想和武汉的这些公交管理职能部门好好探讨探讨，我倒想看看到底是我大惊小怪还是他们的脑袋转得太快。

语音报站、车载电视、电子显示屏、公交扶手，甚至座椅车身，现在公交车上能被利用的地方都被广告占领了，武汉公交的经济头脑让人啧啧称叹。市场经济了嘛，一切有利于促进生产力发展的公有制实现形式都可以而且应该多样化，你在公交车上搞广告当然无可厚非，但是搞市场经济有些原则还是要讲的，比如一些基本的文明准则，比如公益利民原则。公交行业毕竟是个公共服务行业，提供优质的服务就是公交行业摆在首位的压倒一切的“任务”，不能一切“利”字当头。

说白了，眼下垃圾广告之所以能如雨后春笋般窜出，武汉公交主管部门难辞其咎。利用公交广告收入缓解或者补给城市交通扩容带来的庞大支出能够让所有人理解，但在具体的“融资”形式上，在一些显而易见的管理和审核环节上，我们是不是能理性和文明一点呢？

目前公交垃圾广告乱播的现状给我的一个感觉就是：经济上的理由总是大于民意上的理由，民意总是在被野蛮地强奸。我想这些领导是绝对不会体会到坐在公交上心里发毛的感觉的，因为他们绝对不会去坐公交车。那种想骂娘但又无处发泄的痛苦绝对不是人能忍受的，而肆意乱播的公交垃圾广告就是用一种强迫的方式不给你任何选择的余地，活生生将你郁闷死，哪里还谈什么乘客权益，哪里还谈什么利民便民，哪里还谈什么以人为本。

因此，在公交垃圾广告泛滥的背后，利益因素占了上风，金钱击倒了一切，乘客的意志没有得到任何应有的尊重，舆论的呼声被彻底的忽视。公交垃圾广告泛滥显现出多少我们的公交部门的傲慢、无知甚至野蛮，公交垃圾广告泛滥显现出我们的公交管理水平是多么的粗放，多么的初级和业余，公交垃圾广告泛滥又显现出我们的公交部门对于钱的饥渴到了什么地步！

但是，千万别忘了，服务行业还应该有点礼义廉耻，有点对顾客权益的尊重。仅仅因为片面追求商业价值的实现而舍本逐末，肆意妄为，公交的公共性质何在？要知道垃圾广告在审批上是很容易被枪毙的，但现在却如此得势，个中原因若不是我们这些公交主管部门在广告审批时的不作为——睁一只眼闭一只眼所致，还能有什么原因？

也许，公交的这些兄弟们还会大吐苦水，但是一个公共服务行业演变成一个唯利是图、不讨人喜欢的角色还能让我们对它有什么好印象和好语言？说小一点，公交垃圾广告泛滥，强奸民意、污染视听，损害了乘客的权益。说大一点，公交垃圾广告泛滥，传播了不良文化，削弱了主流文化的生存空间，也误导了乘客，污浊了社会风气，它至少和我们目前大力提倡的“八荣八耻”是不相容的。因此，武汉公交目前的垃圾广告泛滥看似平常，但却贻害颇多，的确到了需要大力整治的地步，而武汉公交主管部门在垃圾广告泛滥，主流文化失势过程中扮演的不光彩角色则需要着重反思。

希望武汉公交的这些“大爷”们洗洗脑、擦擦眼、掏掏耳，多想些两全其美之道，看清目前的形势，也多听一下乘客的呼声，不要什么都搞“老子天下独尊”那一套。

解 析

优秀的网络文化评论应该具有强烈的贴近性，这种贴近性主要体现在选题和语言表达两个方面。

从选题来看，这篇文章就十分“接地气”，作者从日常生活中司空见惯的公交车广告中发现了选题，并将之发掘出来，以小见大，直陈公共交通工具中主流文化的失势问题，这种见微知著的能力值得我们学习。

网络文化评论的很多选题都来源于日常生活，从日常生活中俯拾皆是的文化现象中去发现选题，需要作者拥有强烈的敏感性。公交车是人们最为熟悉的一种交通工具，不少人天天乘用，对于公交车上的广告大多数人选择视而不见、充耳不闻，而作者却成为生活中的一个“有心人”，他敏锐地认识到，公交车也是传播主流文化的一个重要载体，因此，在传播内容的选择上，应秉承公益利民的原则。

在网络文化评论的写作中，也需要较强的选题开掘能力，这篇文章为我们做出了如何开掘选题的良好示范。作者从日常生活中发现了公交车作为传播主流文化重要载体的作用，并加以开掘，对垃圾广告充斥武汉公交的情况提出批评，并将之与人们的印象叠加：“武汉的公交，除了声名早已远扬的喜欢飙车超车、服务态度差、司乘人员素质不高外，现在又加进来一个公交垃圾广告泛滥的坏名声，武汉公交正在一条‘不正之风’的道路上渐行渐远。”对选题的这种深度开掘也帮助作者发现了公交车广告泛滥背后的问题，深化了主题。在批评武汉公交垃圾广告泛滥的现实之后，作者并没有停留在破而不立的层次，而是继续追问主管部门的责任，将文章立意导向深入。他指出“在公交垃圾广告泛滥的背后，利益因素占了上风，金钱击倒了一切，乘客的意志没有得到任何应有的尊重，舆论的呼声被彻底忽视”，并认为“武汉公交主管部门在垃圾广告泛滥、主流文化失势过程中扮演的不光彩角色则需要着重反思”。

贴近性也表现在文章的语言表达上。文中使用了大量人们耳熟能详的表达方式，如“不爽”“洗洗脑”等，贴近网民的日常生活。在文章的前半部分，作者借用了李白的诗歌《将进酒》“君不见”的句式，通过三段文字列举并痛斥了武汉公交车上垃圾广告大行其道的现实，让人产生了一种似曾相识的感觉。之后作者又运用大量的反问和诘问，语言辛辣，讽刺意味强烈，让人读起来酣畅淋漓。在文章的结语部分，作者还在反问中向相关部门发出了呼吁，让他们“多想些两全其美之道，看清目前的形势，也多听一下乘客的呼声”。

范文二

践行文化自信，让中华文化走向世界

作　　者：肖璐

首发媒体：荆楚网（2016-08-07）

原文链接：http: //focus.cnhubei.com/original/201608/t3676134.shtml

习近平总书记在建党95周年庆祝大会上的重要讲话，回顾历史，总结经验，展望未来，思想深邃，既带领我们温习了中华民族苦难辉煌的昨天，又吹响了冲锋号，激励我们怀揣初心继续前行。最特别的是，总书记倡导文化自信与道路自信、理论自信、制度自信要并驾齐驱，强调要用"四个自信"拉动中华民族实现伟大复兴，令人耳目一新。

那么为什么我们在"三个自信"之外还需要"文化自信"？为何总书记要提出文化这个时代课题？我们应当看到，我们身在一个历史悠久的文明古国，脚下这华夏五千年的文化是一片厚重、细腻又肥沃的土壤。在这片土壤上我们既能找到同伴，彼此相依，共同前行，又可以从中汲取前行的智慧和勇气，扬帆破浪，披荆斩棘。面对这沉淀着先人智慧的沃土，我们又有什么理由不去相信这份文化的精妙，不去保护这份根植于中华历史里的优秀文化，不去分享这份闪烁着历史光芒的思想和理念呢？践行文化自信，我们大有可为。

自信在于认同，没有文化认同达不到对于文化的高度自觉。无论是"自强不息"的奋斗精神，"精忠报国"的爱国情怀，还是"天下兴亡，匹夫有责"的担当意识，这些带有中国印记的文化因子早就融入我们的血脉，让我们懂得每一个中国人都有同一个根源，让我们永远铭记自己作为中国人的文化自觉。当下，面对中华民族复兴梦的重任，我们更应坚持扎根优秀文化，用认同和热爱作为思想的“黏合剂”，为凝聚中国力量提供“向心力”。

自信在于作为，保护我们的文化是每一个中国人的使命担当。近些年中医，端午，熊猫，这些代表中国的字眼频繁出现在国际舞台。但令人惋惜的是，中医配方被日本用来做护肤，端午被韩国用来申遗，熊猫则被美国人用来拍了电影三部曲。原本是我们自己的文化精粹却被他国用来创造效益，是可忍孰不可忍，中国人必须扛起自己的文化担当。担当，从法律层面来说，便是从知识产权保护入手给中国文化贴上法律标签。从文化层面来说就是基于传统文化，通过深入挖掘当下中国让人产生共鸣的新文化内涵，让传统文化多一些人民意愿、时代特征和表现形式，能够被大多数人接纳传承。

自信在于分享，文化应是中国最闪亮的名片。习总书记指出，“要把跨越时空、超越国度、富有永恒魅力、具有当代价值的文化精神弘扬起来，把继承传统优秀文化又弘扬时代精神、立足本国又面向世界的当代中国文化创新成果传播出去”。毋庸置疑，这份渗透着中华民族独特魅力，凝练着中华历史智慧，融合着当下时代脉络的思想成果应该是中国最骄傲的代表。出于对这份成果的绝对自信，我们迫不及待和世界分享这份精神的瑰宝。因此我们当用日益完善的人文交流机制，创新的人文交流方式，综合的大众传播、群体传播、人际传播等多种方式让中华文化的魅力在世界舞台闪耀。

“欲人勿疑，必先自信。”让我们在认同、保护和分享中筑起中国人的文化自信，通过我们的行动让中华文化之花开遍世界。

解　析

网络文化评论应该体现出一定的时代性，这篇文章紧扣时代脉搏，为习近平总书记在建党95周年庆祝大会上的重要讲话做注解，提倡践行文化自信，起到了积极的舆论引导作用。

在互联网深刻影响人们生活的时代，网络文化评论理应发挥好价值观引导的作用。在这方面，这篇文章为我们做了良好的示范。全文围绕为什么要建立文化自信、文化自信的内核要素是哪些等问题，旁征博引，逐步展开论述，虽然短小精悍，但却说理深刻。

在论述为什么要建立文化自信时，作者用比喻的手法力证华夏五千年的文化是我们汲取前行的智慧之根，是扬帆破浪、披荆斩棘的力量源泉，“践行文化自信，我们大有可为”。

在分析论述中，该文又从认同、作为、分享三个层次诠释了文化自信的内核，展现了中华文化之花开遍世界的途径，为人们编织起一幅建立文化自信的绚烂图景。其中，在论述文化认同时，作者列举了几个带有中国印记的文化因子，如“自强不息”“精忠报国”“天下兴亡，匹夫有责”等，认为正是文化因子“让我们永远铭记自己作为中国人的文化自觉”。同时，作者又运用比喻的手法，将认同和热爱比作思想的“黏合剂”，能起到凝聚中国力量的目的。在论述作为时，作者认为“保护我们的文化是每一个中国人的使命担当”，并列举中医、端午、熊猫等中国文化精粹却被外国人加以利用的现实，以激发“中国人必须扛起自己的文化担当”的勇气。之后，作者又从法律和文化的双重层面论述了如何保护中国传统文化，将作为落到实处。在论述分享时，作者认为“文化应是中国最闪亮的名片”，随后又引用习总书记的讲话，强调要将“当代中国文化创新成果传播出去”。作者还用“渗透着中华民族独特魅力”“凝练着中华历史智慧”“融合着当下时代脉络”三组词汇，来描述这份思想成果的意义，并认为“出于对这份成果的绝对自信，我们迫不及待和世界分享这份精神的瑰宝”。最后，作者又指出了传播这份成果的途径和方式，即“用日益完善的人文交流机制，创新的人文交流方式，综合的大众传播、群体传播、人际传播等多种方式让中华文化的魅力在世界舞台闪耀”。文章结尾处，作者先是引用了冯梦龙的名言“欲人勿疑，必先自信”作结，同时又高声呼吁人们在认同、保护和分享中树立文化自信，通过行动让中华文化之花开遍世界，颇有诗意。

范文三

莫让“弹幕”成网络低俗文化的阵地

作　　者：王美古

首发媒体：东方网（2016-04-10）

原文链接：http://pinglun.eastday.com/p/20160410/u1ai9290660.html

说起“弹幕”来，年轻的网友们绝对都不陌生。互动、娱乐、交友……“弹幕”如同许多互联网新技术一样，带给了用户优质的体验，让人乐此不疲。可在承认“弹幕”优点的同时，我们也不得不看到，许多网站提供的“弹幕”平台正被网络低俗文化所侵蚀，脏话、暴力、色情等因素正在抢占“弹幕”的阵地，这可不是一个好的信号。

笔者可不是危言耸听，随着国家对互联网环境建设的重视，一大批相关法律法规的出台，让此前饱受“低俗之风”困扰的论坛、微博、QQ群等社交平台都得到了很好的“整风”。所以，“低俗”把自己的魔爪伸向了新兴的“弹幕”平台，并且以迅雷不及掩耳之势弥漫扩散开来。倘若再不加以控制，恐怕“弹幕”上的诸多问题还会愈演愈烈。尤其是使用“弹幕”的很多人还只是青少年，低俗内容对他们的伤害和误导就更不容小觑了。

但是，我们也不用过于担忧。毕竟此前对论坛、微博等平台的整治已经给我们提供了许多可以借鉴的成功经验。首先，要实现实名注册，以便发现那些发表低俗、侵权、违法言论的人，并根据相关法律法规给予严惩。其次，“弹幕”也应该设置相关的监管机制，对违规违法言论予以清除。此外，也应该建立相应的举报投诉机制，跟低俗之风打“人民战争”。

当然，可以想象，许多网络平台为了获得更多的用户和利益，可能会对这些整改措施持抵触态度。这个时候，就需要网络监管部门强势介入，绝不能允许网络上有“法外之地”，更不能允许经营者为私利而损公益。

而除了从法律法规上进行硬性的处理、追责和管控，一些“软性手段”也是相辅相成、不可或缺的。比如人身攻击、地域谩骂、性别歧视等低俗文化现象，一直深植于各个网络平台之上，这就需要我们加强对网民的教育和引导，让他们明白什么是荣，什么是耻，让他们从自己内心深处对低俗文化产生反感和抵触心理，从而从根子上割除这些糟粕。

解 析

这篇文章的选题具有鲜明的针对性和时代性，它批评的是网络“弹幕”现象。“弹幕”作为近年来出现的一种网络新技术，十分受年轻人欢迎，作者在充分肯定了“弹幕”所带来的沟通方便和表达自由等优势的同时，也警示人们正视随之而来的低俗文化侵蚀“弹幕”阵地的现象，起到了价值观引导的作用。

在分析论述中，这篇文章形成了一个较严谨的逻辑链条。由于“弹幕”先天所具备的批判性，在相对自由而隐匿的网络空间中，它很容易被人们当作随意使用的子弹来表达或“攻击”自己所观看的视频内容。为了让人们充分认识到“弹幕”内容低俗化的危害，作者首先列举了“弹幕”中频繁出现的脏话、暴力、色情等因素，其次又指出当前使用“弹幕”的很多人还只是青少年，从而让人们认识到低俗内容对青少年的伤害和误导不容小觑。当然，作者并没有局限在批评的层面，而是进一步深入探讨了如何强化监管，净化互联网空间，这就与当前政府所倡导的加强互联网治理的导向不谋而合。作者不仅提出了应当从法律法规上进行硬性的处理、追责和管控，如实现实名注册，设置相关的监管机制，对违规违法言论予以清除，建立相应的举报投诉机制等，同时还提出了一些“软性手段”也是相辅相成、不可或缺的。

最后，这篇文章在“度”的把握上比较有特点。这一方面体现在作者不断提醒人们，“低俗”把自己的魔爪伸向了新兴的“弹幕”平台，并且以迅雷不及掩耳之势弥漫扩散开来；另一方面，又宽慰人们也不用过于担忧，毕竟此前对论坛、微博等平台的整治已经给我们提供了许多可以借鉴的成功经验。这种“度”还体现在作者提出应对措施时，不仅提到了法律法规的硬性处理，还兼顾了一些“软性手段”，如教育和引导等。

范文四

用深厚传统文化涵养民族未来

作　　者：蔡恩泽

首发媒体：中国青年网（2016-06-09）

原文链接：http: //pinglun.youth.cn/ttst/201606/t20160609_8100576.htm

情浓粽飘香，又到端午时。苇叶、艾草、菖蒲、香囊、粽子、黄酒、龙舟、汨罗江……这些不仅是端午时令关键词，其背后更蕴含着深厚的文化内涵。

端午文化尤以对伟大爱国诗人屈原的缅怀为甚，每年都寄托着黎民大众的绵绵相思。作为政治家，他忠诚地辅佐楚怀王，力图改革，实施“美政”，即便是屡遭贵族排挤毁谤、多次被流放，“亦余心之所善兮，虽九死其犹未悔。”同时，屈原又能深刻地体恤民情，身处逆境，还念念不忘劳苦大众，“长太息以掩涕兮，哀民生之多艰。”这样一位忠君爱民的贤臣，终以特殊的方式辞别人间，但却留下了弥足珍贵的爱国思想，他的报国壮志，他的强国梦想，留给后世无尽的敬仰和崇拜。他的故事也向人们证实了一个道理，爱国者必然为国人所爱，并为世人千古传颂。

历史将会永远记住每一个爱国者，屈原、文天祥、戚继光、林则徐、吉鸿昌、李大钊……乃至新中国时代为国家献身的每一位改革家、创业者，都在人民的心中树立起了一座座丰碑。

自2008年起，端午节被列为国家法定节假日。2006年5月，国务院将其列入首批国家级非物质文化遗产名录。2009年9月，联合国教科文组织正式审议并批准中国端午节列入世界非物质文化遗产，端午节成为中国首个入选世界非遗的节日。这不仅仅是为了顺应民间习俗，不仅仅是为了礼赞屈原的英明，叙述屈原的故事，纪念屈原的品格，更是以历史的情怀来张扬民族爱国精神。

当一个传统习俗成为全民文化、民族精神的化身，其中的韵味、精髓便令人振奋，催人奋进。

推而广之，我们应当把承载着厚重的历史文化的传统节日转化为民族的精神财富，小长假、大长假不应光是吃喝玩乐，不应光是疯狂消费，更应是对心灵的涤荡、对精神的洗礼。元旦、春节、清明节、劳动节、端午节、中秋、国庆，每一个节日都有深邃的文化内涵和精神寄托，每一个节日都是在继承历史，追思先人，欢庆丰收，传承丰沛的价值观念和淳朴的道德风尚。各种节日年复一年，代代相传，不断加深着各民族的凝聚力。

全世界各个民族都有自己特有的传统节日，专注、快乐、祥和地过节，是各个不同的民族共有的精神文化现象。

在阿姆斯特丹的荷兰海运博物馆，每个星期天都要举行一次特殊的活动，目的是让孩子们通过切身体验来学习荷兰的历史，培养担当意识。讲解员们一丝不苟地带领孩子们重温四百多年前荷兰水手的生活状况。今天，荷兰的成年人经常向孩子们重复这样一句话："荷兰之所以还是荷兰，是因为我们的祖先照顾好了自己的生意。"这样的节假日，让孩子们的心灵厚植着老祖宗的精神，铭记自己的来历，将个人与国家的命运牢牢地系在一起，这个民族就大有希望。荷兰被人们称为"地理上的侏儒，经济上的巨人"。其中的人文动力功不可没。

我们要实现全面小康，精神文明建设就不能落后。我们不仅要做"经济上的巨人"，也要做"文化上的巨人"。用深厚的传统文化涵养民族的未来，在当下必须又迫切。

爱国主义是一个国家的全民最大公约数，抓住每一个细节，哪怕是吃粽子、过端午节，都不忘爱国情怀，这不是所谓的政治说教，而是潜移默化的精神耕耘。

解　析

节庆日的文化评论写作要写出新意有一定的难度，这篇文章发表于端午节期间，从端午文化发端和屈原的爱国情怀说开去，落脚于用传统文化涵养民族的未来，不仅写作时机把握得很好，同时立意也比较新颖。

从结构上来看，这篇文章安排较为合理，立意逐渐呈现。作者以"情浓粽飘香，又到端午时”的五言古诗体语句开篇，随后又列举了“苇叶、艾草、菖蒲、香囊、粽子、黄酒、龙舟、汨罗江……”等端午时节传统习俗的关键词，在营造出一种节日氛围的同时，引领人们体味这些关键词背后的传统文化韵味。文章第二段从端午节的起源追溯到爱国诗人屈原，并通过对屈原生平的简要回顾，以及对他的经典诗词的引用，感叹这位忠君爱民的诗人为人所敬仰的伟大情怀。第三段承上启下，在列举历代爱国者的同时，回归到现实。第四段对端午节申遗的历史及意义进行回顾，并认为“这不仅仅是为了顺应民间习俗，不仅仅是为了礼赞屈原的英明，叙述屈原的故事，纪念屈原的品格，更是以历史的情怀来张扬民族爱国精神”。在第五段和第六段，作者从端午节说开去，认为“当一个传统习俗成为全民文化、民族精神的化身，其中的韵味、精髓便令人振奋，催人奋进”，并呼吁“我们应当把承载着厚重历史文化的传统节日转化为民族的精神财富”。第七段和第八段，作者又环视全球，论述世界各民族都有自己特有的传统节日，而专注、快乐、祥和地过节，是各个民族共有的精神文化现象。其中，作者以荷兰为例讲述了该国重视对历史的教育，从而形成了强大的人文动力。第九段和第十段点明主旨“用深厚的传统文化涵养民族的未来，在当下必须又迫切”“爱国主义是一个国家的全民最大公约数，抓住每一个细节，哪怕是吃粽子、过端午节，都不忘爱国情怀”。

范文五

少服些“葛优躺”牌的精神软骨散

作　　者：佘宗明

首发媒体：中国青年网（2016-08-24）

原文链接：http：//pinglun.youth.cn/wysh/201608/t20160824_8584290.htm

美国作家汤姆•彼得森说：网络社会是没有尽头的青春期。而对很多国内年轻人来说，这话反过来说也成立：青春期就是没有尽头的网络社会或者说世界。我们把青春托付给了手机依赖症和无穷的宅，我们也用键盘与鼠标不停歇的律动慢慢埋葬青春。

所以在看到电影《后会无期》中钟汉良扮演的那个“喜欢看这个世界”、自命“旅行者2号”的落拓漂泊客阿吕，骑着摩托环游中国，专程去看火箭发射，还登上土丘高处豪气万丈地说“你们的偶像是明星，而我的偶像，是一颗卫星”时，我会将其视作一个偏执怪的大放厥词，觉得荒诞值满格。同样的感觉，也在我看到电影《绝命海拔》里一堆非专业的登山队员冒着大概率的死于缺氧、雪崩等危险，也要吭哧吭哧登顶珠峰一览众山小时油然而生。

就像阿吕说的外界对他的嘲笑那般：本来是一张票能去的地方，非得要开摩托开一个月，没意义。把生命被挥霍于“没意义”的事情上视作意义，很荒诞。

但这种荒诞感，却在朋友跟我安利90后导演杨帆拍的纪实综艺节目《世界上的另一个我》没多久后，转为满腔燃爆情绪。我开始理解阿吕的那句“你连世界都没观过，哪来的世界观”的弦外之音：用脚步丈量世界，不是世界观形成的前提，但开阔的眼界却是。

说实话，我早已对“来一场说走就走的旅行”的文青专享型鸡血不感冒，之前我也被推荐过旅行节目《侣行》，却发现它不对自己胃口，因而尽管有姚明、高晓松等大咖推荐的加持，尽管朋友说这部片在豆瓣上有9.0分，我仍不以为意，只是基于打发时间的目的揿下了播放键。

也许是青春期内心秩序的共振，也许是源于生活被程式化节奏导入流水线化生产的无趣作坊的缺憾，也许是杨帆这位传奇90后的摩旅太“燃”，我在网上看了一集后，就禁不住连着去年春节期间在央视播出的第一季一块照单全看。

这部被网民说是“刷新了酷的新高度”的口碑片，足以刷新许多人对“酷”的认知：我们都知道，时下的我们总跟抹着“拽酷萌”粉底的后喻文化相遇，但“酷”在我们的印象中，似乎就是故意抛出的邪魅狂狷表情，或古惑仔把玩打火机般的拉风姿势，甚至是杀马特造型。这类浮于外在皮相的“酷”，随时都可能被下一秒不意翘起来的兰花指破招。

而杨帆的“酷”，则是“愿做温柔的火光，潇洒地灼伤平庸，点燃世俗；愿做凯鲁亚克的血液，带着摇滚的肝，勇士的胆，嬉皮浪漫的心，奇迹般重生于世”的青春荒唐。他的经历让我想起网上曾热传的一段挺具震撼力的视频——5名患有心脏病、癌症、退行性关节炎等疾病的八旬老人“聊发少年狂”，准备了6个月、耗时13天、驾摩托骑行1,000多公里环游台湾。那种“在肾上腺素峰值上狂飙”的燃爆力，不逊于《速度与激情7》里的飙车戏。

而杨帆在《世界上的另一个我》里做的，也差堪比拟：他骑着一辆跨斗摩托环球旅行，并带着找寻“另一个我”的念头，寻找和他同年同月同日（1990年10月5日）生的人，打捞他们的生命轨迹和“Let’s do it！”（开始干吧！）的梦想实现力。他遇到过为调酒技艺疯狂的莫斯科调酒师马克西姆，患有妥瑞氏综合征、表情抽搐却坚持弹琴作曲搞创作的比利时音乐人马丁，还有俄罗斯的乡下说唱歌手、爱写诗歌的叛逆女孩……然后跟他们一起疯狂、闪亮，“拉开荷尔蒙星球的手榴弹，引爆所有经纬”。

报道说，第一季后，伴随杨帆多年的摩托因车祸完全烧毁；他又因意外导致右手螺旋式骨折，几乎无法正常弯曲……但他决意在“身体里打一场世界大战”，继续着他的摩旅。

不忘想了就去做，有梦就去实现的初心，方得始终。而他也确实敢拼敢闯，矢志未改：他13岁从成都骑到了拉萨，16岁拍纪录片获得国外大奖提名，17岁出版了30万字的《在黑暗中奔跑》，18岁横渡琼州海峡庆祝成人礼，20岁时为姚明接管上海男篮首个赛季拍下纪录片《赛季》……他的字典里，好像没有“循规蹈矩”。

向来反感鸡血的我，却无法不被这样的故事打上一管。正如小说《达摩流浪者》里的主人公雷蒙说的，“现代人为了买得起冰箱、电视、汽车和其他他们并不需要的垃圾而做牛做马，让自己监禁在一个工作—生产—消费—工作—生产—消费的系统里”，现实中的我们确实如他所说，“住在高级的房子里，在同一个时间看着相同的电视节目，以一种思维方式思考着事情，是被机械文明奴役的人”。

是的，当下有很多人嚷着“再不疯狂就老了”，但他们“疯狂”的方式只是青春片里的打群架、堕胎；有很多人说“世界那么大，我想去看看”，可他们的“看看”也只是去景点兜了个圈，而非像吴伯凡说的“旅行是一种场景的切换，以获得心灵新体验、新感悟”。

有首歌唱道：“你有没有听过，就算只是沙粒一颗，也堆出不同的轮廓；你有没有听过，就算只有心花一朵，也能有不同收获；你有没有听过，有些事情，不靠听说。”生命的丰美，需要我们不苟且地活着、走着，需要一场场“旅行”去充盈。也许我们要养家要糊口，没法那么洒脱，可至少，先告别精神上的“葛优躺”，少服些“葛优躺”牌软骨散，不难。

解 析

这篇文章的标题特别有意思，它借用了网络流行语“葛优躺”，并用比喻的手法告诫人们应当告别精神上的“葛优躺”，应当少服些“葛优躺”牌的精神软骨散，妙趣横生。

对于什么是“葛优躺”牌的精神软骨散，作者并没有直接言明，而是通过对几个人物和故事的介绍，呼吁人们不要苟且地活着，生活需要一场场“旅行”去充盈，从反面来证明其论点。

文章一开篇便引用了美国作家汤姆•彼得森的话，对人们把青春托付给了手机依赖症和无穷的宅，用键盘与鼠标不停歇的律动慢慢埋葬青春的做法进行了批判，并树立了批判的靶子。接下来，作者又以电影《后会无期》中钟汉良扮演的骑着摩托环游中国的漂泊客阿吕，以及电影《绝命海拔》里非专业的登山队员冒死登顶珠峰的两个例子为引子，说明自己一开始对这种勇于追求的做法表示不理解，并认为这些行为比较荒诞。但随后作者又介绍了对自己影响很大的由青年导演杨帆所拍摄的纪实综艺节目《世界上的另一个我》，在解释了该节目打动人心的精神之后，作者又说明了自己思维的转变过程，他将之解释为“也许是青春期内心秩序的共振，也许是源于生活被程式化节奏导入流水线化生产的无趣作坊的缺憾，也许是杨帆这位传奇90后的摩旅太‘燃’”。在这部分的写作中，作者用了很大的篇幅去介绍杨帆过人的事迹，并褒扬他“不忘想了就去做，有梦就去实现的初心”。为了说明这种精神并非孤例，作者又大量引用电影、电视、小说、歌词等流行文化中的话语为例，鼓励他们去获得吴伯凡说的“旅行是一种场景的切换，以获得心灵新体验、新感悟”，这种写法贴近青年人的生活和认知，容易获得他们的认可和共鸣。在文章的末尾，作者回应标题，指出“也许我们要养家要糊口，没法那么洒脱，可至少先告别精神上的‘葛优躺’，少服些‘葛优躺’牌软骨散，不难”，在点题的同时也为全文画上句点。

范文六

节日之思，文化遗产应融入现代生活

作　　者：闻白

首发媒体：人民网（2016-06-08）

原文链接：http://opinion.people.com.cn/n1/2016/0608/c1003-28422212.html

明日端午，不少人已在漫卷诗书，唤醒文化记忆，或开启休假旅程。但你可知随后的6月11日便是一年一度的“文化遗产日”。节日的紧密相连，注定了未来的三天，我们除了吃粽子、赛龙舟、临风凭吊屈原外，还可以畅游博物馆和文化遗产地，欣赏厚重文化家底，梳理中华文明传承，激活传统文化基因。

多少年后，如果我们再翻阅2016年的日历，会发现与文化遗产保护相关的信息是如此密集。

6月7日，南昌汉代海昏侯国遗址管理局正式挂牌成立，它将负责海昏侯遗址的考古发掘、保护利用和学术研究，包括后期的国家考古遗址公园、博物馆的规划、论证及建设等。与此同时，根据它的考古发现而举办的《五色炫耀——南昌汉代海昏侯国考古成果展》自三月在首博开展以来，一直是人头攒动，观者如云，不得不一再延期。

还有一个消息是关于文化创意产业的。我们已经在用国家的力量和开放的政策来鼓励从历史文明中挖掘文化创意——这份由文化部、国家发改委、财政部、国家文物局联合发出的《关于推动文化文物单位文化创意产品开发的若干意见》，第一次明确提出要深入发掘馆藏资源，动员社会力量，推动文化创意产品的开发利用。而来自故宫博物院的消息说，截至2015年年底，故宫博物院共计研发文化创意产品8,683种，其销售额也从2013年的6亿元增长到2015年的近10亿元，正在从数量的野蛮增长走向质量的精细提升。

越来越多的科技力量也在融入文化遗产的保护。今年的5月7日到9月4日，敦煌莫高窟四个洞窟和藏经洞部分文物将搬到洛杉矶的盖蒂中心展出。南加州的艺术爱好者不必再亲自到敦煌、巴黎和伦敦等地各大博物馆，即可在家门口欣赏到“中国丝绸之路上的古老佛教艺术”。如今浙江大学文化遗产研究院的团队已经利用高科技精准复原了莫高窟洞窟内的壁画、造像、浮雕等文物，使观众如同身临其境。

此外，在网络上议论得风生水起的还有关于中国古老地名的恢复。古老的地名也是文化遗产，它可以让我们找到回家的路，而因为一些现实的利益就随意任性改变那些承载着文化内涵与浓浓乡愁的行为，正在不断被质疑，人们希望曾经在古诗词中被诵读的那些美好地名“徽州”“浔阳”“兰陵”能够重新点亮我们的记忆。

当然，再往前追溯，在今年4月12日的全国文物工作会议期间，习近平总书记指示强调，文物承载灿烂文明，传承历史文化，维系民族精神，是老祖宗留给我们的宝贵遗产，是加强社会主义精神文明建设的深厚滋养；李克强总理批示强调，加强文物保护，是要让优秀传统文化融入当代社会，厚植道德沃土，用文明的力量助推发展进步；刘延东则表示文化遗产在彰显文明大国形象中的作用不可替代。

可以说，正是在这样的基础上，“让文化遗产融入现代生活”自然而然地成为2016年“文化遗产日”的主题。

而今年的“文化遗产日”和传统的端午节又是如此紧密地相连。我们的文化遗产包括物质与非物质两个层面，与端午节相关的思想观念、风俗习惯、情感表达，正是中华文化源远流长、一脉相承，并在当下生活中生机存续的证明。以节庆为代表的文化遗产同样是优秀传统文化最实在、最具体、最直接、最真实的载体。

经济发展起来的中国，文化需求正在迅速释放。在博物馆门前不断出现的排队长龙一再提醒着我们，国人对文化渴求的旺盛与文化供给、文化创意的相对不足已经成为一对文化生活中的“主要矛盾”，而这一短板正影响着国家软实力的提高。拥有五千年文明史的中国，在对海内外讲述中国故事时居然会因为提炼不出更多的文化元素而捉襟见肘；随着城镇化建设的加快，依然有越来越多的文化遗产面临着被毁灭的命运；而那些在中国大地上频频出现的不今不古、不巧不拙的拆建又复古的建筑，正是文化迷失的体现；而“申遗热”与“名人故里之争”的背后呈现的依然是简单的利益诉求……

说到底，对文化遗产的珍爱，并不仅仅是保护一个古村落、一件古董、一项古老的技艺甚至一个节日那么简单，它首先是对文化遗产的敬畏，其次是对于其所承载的文化记忆的尊重与欣赏，这种气质应该是我们每一个公民应有的气质，这种气质的涵养才是文化繁荣的土壤。

回想起来，我们设立“文化遗产日”的初衷，正是要让那些珍贵的文化遗产、历史传统能够走出博物馆和书本，飞入寻常百姓家。从这个意义上讲，让文化遗产融入现代生活，具有历史的必然性和现实的必要性。

解　析

节庆日评论除了对文化习俗进行评述外，是否还有其他的内容可写？针对这一问题，这篇文章做出了自己的回答。它以端午节为契机，但并未局限于端午文化习俗本身，而是过渡到三天之后的“文化遗产日”，并由此生发开去，提出观点“我们除了吃粽子赛龙舟临风凭吊屈原外，还可以畅游博物馆和文化遗产地，欣赏厚重文化家底，梳理中华文明传承，激活传统文化基因”，成功树立论点“让文化遗产融入现代生活”，让人耳目一新。

为了进一步说明论点，作者先是简要回顾了2016年的几个与文化遗产保护相关的新闻，如海昏侯墓的发掘与成果展示，《关于推动文化文物单位文化创意产品开发的若干意见》的出台，敦煌莫高窟洞窟及部分文物的复原和展示，网上关于中国古老地名恢复问题的讨论，习近平主席在4月12日全国文物工作会议上的讲话等。在介绍新闻的过程中，作者从人们的文化需求提升，文化创意产品质量提升，科技力量融入文化遗产保护，人们希望古老文化能重新点亮记忆，国家领导高度重视文化遗产保护等方面进一步阐明论点，显得事例丰富，说理透彻。

接下来，作者笔锋一转，转而从文化遗产的保护这一层面来进一步论证。作者分别从“以节庆为代表的文化遗产同样是优秀传统文化最实在、最具体、最直接、最真实的载体”“国人对文化渴求的旺盛与文化供给、文化创意的相对不足已经成为一对文化生活中的主要矛盾，而这一短板正影响着国家软实力的提高”“对文化遗产的珍爱，首先是对文化遗产的敬畏，其次是对于其所承载的文化记忆的尊重与欣赏，这种气质应该是我们每一个公民应有的气质，这种气质的涵养才是文化繁荣的土壤”等三个层次巩固了论点。

总之，这篇文章文风朴实，说理论证充分，不但论证了“让文化遗产融入现代生活，具有历史的必然性和现实的必要性”的观点，同时也指出了当前存在的提炼不出更多的文化元素、文化遗产面临被毁灭的命运、众多的不今不古不巧不拙的拆建又复古的建筑体现了文化的迷失等问题，发人深省。

范文七

不要把名人故居做成“文化快餐”

作　　者：凌瑶

首发媒体：荆楚网（2016-09-02）

原文链接：http://focus.cnhubei.com/original/201609/t3691116.shtml

今年8月份，河南南阳市公开宣布，将于9月28日至10月7日举办“中国•南阳2016诸葛亮文化旅游节”，主会场定为南阳卧龙岗，当地此前多次公开表态称，这里是诸葛亮出山前的隐居地。湖北襄阳暗指南阳为“李鬼”。

一个名人故居地，两个城市为何因此相互中伤，相互争抢？一个名人故居地能给当地带来多大的好处？经济进入新的发展阶段，单靠传统工业发展已经满足不了城市的需求。各地开始各显神通，探寻经济发展的新道路。旅游业是一个很好的发展出路，于是乎，“名人故居”横空出世。各地纷纷寻找能与当地沾边的名人，有的地方借此一跃成为经济强县、经济强镇。一夜之间，大批名人故居群魔乱舞，有的名人在全国各地有好几个故居。有真的居住过的，有停留过一段时间的，还有八竿子打不着的。

为何名人故居被各地热捧？其主要原因还是有市场需求。国家进入新时代，人民对于精神文化上的需求愈加强烈，但凡有些知识有些文化的人家，都能随口说出几个历史名人的名字。社会对于文化人士的认同感也愈加深，大家都想成为有文化有素质的人。于是，各地名人故居就被当作文化人士的聚集地。不管了不了解历史名人的事迹和主要成就，不管了不了解这个故居里名人的故事，不管了不了解这个故居所存在的文化价值，都要争相去瞻仰一番，还美其名曰感受文化洗礼。这样似乎就是很有文化的高雅行为。

有了这些人的需求，各地纷纷看到了商机，旅游所带来的经济效益让地方无比心动。各种名人故居就此而来。这样的“名人故居”价值何在？建立名人故居的本意就是为了它的文化价值，并不是名人在这里居住过就是名人故居了。一个名人故居必然有它的文化根源，比如说名人在这里曾经做出过某件重大的事情、名人曾经在这里度过一段很重要的岁月、名人曾经在这里留下无比珍贵的文化财富。没有文化根源的名人故居就是一个无根的浮萍，波涛一来，就会被吹翻。

各地为了满足人们的文化需求，从而建立名人故居，这是一种“文化快餐”，这种快餐只能填饱当地的钱袋子跟观赏者的虚荣之心，并没有任何营养价值。

解 析

网络文化评论若能善用驳论的形式，也能起到振聋发聩的效果，产生强烈的社会反响。这篇评论采取了驳论的论述形式，文章一开篇便简要叙述了因河南南阳市宣布举办诸葛亮文化旅游节而引发了湖北襄阳群众不满的新闻事件，树立了靶子。第二段开头又通过两个疑问句列出论点“一个名人故居地，两个城市为何因此相互中伤，相互争抢？一个名人故居地能给当地带来多大的好处？”以此引发人们的思考。第三段采用了设问手法，着力追寻名人故居引发各地争论的根本原因。在探求原因的过程中，作者对各地跟风似地寻找能与当地沾边的名人，而“不管了不了解历史名人的事迹和主要成就，不管了不了解这个故居里名人的故事，不管了不了解这个故居所存在的文化价值，都要争相去瞻仰一番，还美其名曰感受文化洗礼”的做法进行了批判。在批判当中，作者也追问了名人故居的价值所在，即它的文化根源：“建立名人故居的本意就是为了它的文化价值，并不是名人在这里居住过就是名人故居了。一个名人故居必然有它的文化根源，比如说名人在这里曾经做出过某件重大的事情、名人曾经在这里度过一段很重要的岁月、名人曾经在这里留下无比珍贵的文化财富。”作者还发出了“没有文化根源的名人故居就是一个无根的浮萍，波涛一来，就会被吹翻”的警示，告诫人们不要盲目跟风，从而陷入文化快餐的陷阱。文章最后一段点明主旨，卒章显志。

通篇来看，文章话语风格比较理性、朴实。作者通过设问和追问的手法，对当前各地在市场需求和经济利益的刺激下盲目跟风上马所谓的“名人故居”，而不问背后真正文化根源所在的做法表示了不满和批判，现实针对性强，具有较强的文化价值导向作用。

范文八

“烂片时代”是商业喧哗下的急功近利

作　　者：郭元鹏

首发媒体：荆楚网（2016-08-16）

原文链接：http://focus.cnhubei.com/original/201608/t3681583.shtml

日前“电影人程青松”撰写了一篇文章，文章说从今年春节之后，不管是五一档，还是暑期档，中国电影票房都没有超过去年同期票房，更让人觉得尴尬的是，烂片层出不穷，越来越多。文章认为中国电影已经进入“烂片时代”，影片产量世界第二，烂片数量却是世界第一。（8月15日《腾讯娱乐》）

原谅我的孤陋寡闻，我还真不知道“电影人程青松”是何许人也。“电影人程青松”为何说中国电影步入了“烂片时代”？他给出了这样几个证据：其一，票房收入走了下坡路，无论是五一还是暑期，票房收入都不好；其二，在国际上获奖的电影少了。继今年5月份戛纳电影节所有竞赛单元无一华语电影入围之后，威尼斯电影节也没有一部华语电影入围主竞赛单元。

对于仅仅依靠票房收入就说进入“烂片时代”，对于仅仅依靠在国际上获奖少了就说进入“烂片时代”，笔者是不认同的。

票房收入不高，不能就说是烂片，可能在市场定位上出了问题，也可能在营销策划上出了问题。就犹如很多高雅的作品出现了“曲高和寡”的现象是一样的，就犹如美声唱法干不过通俗唱法的歌曲是一样的。不能因为受众少就说是“烂货”。

一部影片在国际上不能获奖，也有诸多因素，这就和人的口味是差不多的，观众群体不同而已，对“好”的认知自然也就不同。有人喜欢吃羊肉，有人喜欢吃猪肉。不能因为吃羊肉的人多，吃猪肉的人少，就说猪肉是“烂货”。电影也是一样的，外国人的口味和我们的口味也是不同的。没有获奖不意味着是烂片，我们的饺子也不是世界公认的美食，你能说饺子是“烂货”吗?

不赞同“烂片时代”的“理论基础”，并不意味着中国电影没有进入“烂片时代”。我有一个朋友，是胡玫导演的亲戚，几年前就一直跟着胡玫导演开车。后来，他自己也参与过其他影视组的影视剧拍摄过程。他告诉我说，很多影视剧投入资金巨大，最终连播放的机会都没有，只能挂在网上，连演员的酬劳都不够，很多投资方血本无归。现在我的这位朋友已经不在影视圈混了，买了一辆汽车跑运输去了。

不用他说，我们也能知道很多片子有多烂。到网上的几家视频终端去看看，挂着的影视剧有多少人在点击，即使点击了能看下去吗?

这其实是商业喧哗之下的急功近利导致的。所有人想着的不是如何出精品，而是如何赚快钱。你拍摄《我们结婚吧》，他就拍摄《我们离婚吧》《我们恋爱吧》《我们逃婚吧》。如此低劣的模仿何以出精品? 拍摄一部影视剧，钱都让演员赚走了，辛苦的编剧能拿几个钱?

没有精品意识就走不出“烂片时代”。我们需要提高编剧的价值，我们需要严格审批，我们需要解放思想，我们需要少些产品，多些精品了。眼下，韩剧进口减少，这是一次浴火重生的机会，但愿所有影视人都能耐住寂寞，厚积薄发总比唯利是图能出好作品。

解　析

大众文化是网络文化评论的重要对象，而电影则是大众文化的重要代表，这篇文章将视角对准整个电影电视剧产业，对近年来国内影视剧的总体表现进行了评述，提出了“没有精品意识就走不出'烂片时代'”的观点，全文结构合理，有理有据。

从结构安排来看，文章以日前“电影人程青松”撰写了一篇关于电影进入“烂片时代”的影评文章入手，树立靶子，并针对“文章认为中国电影已经进入‘烂片时代’，影片产量世界第二，烂片数量却是世界第一”这一观点展开驳论。第二段开始，作者便向错误观点密集“开火”，分别从该篇文章的两个“理论基础”，即票房收入不高和国际上不能获奖，进行批驳。经过一番驳论之后，作者也亮出了自己的观点，表明自己“不赞同‘烂片时代’的‘理论基础’，但这并不意味着中国电影没有进入‘烂片时代’”，继而作者又列举了自己一个朋友的例子来说明当前中国电影业的不景气，并认为造成当前中国电影市场上烂片频现的原因在于“商业喧哗之下的急功近利”。在文章的最后，作者也为中国影视剧开出了“药方”，即没有精品意识就走不出“烂片时代”，需要提高编剧的价值，需要严格审批，需要解放思想，需要少些产品，多些精品，有破有立，逻辑严密。

从话语风格来看，这篇文章的文风犀利，语言辛辣，作者频繁使用反问句对当前中国影视剧市场的乱象进行批判，入木三分，发人深省。在论证过程中，作者还多次采用类比的手法，批驳错误的观点，分析说理深入透彻，有说服力。

范文九

《余罪》饱含真实的人性

作　　者：韦其江

首发媒体：荆楚网（2016-05-12）

原文链接：http：//focus.cnhubei.com/original/201607/t3659294.shtml

《余罪》实在是太火热、太受欢迎了，播出时微信朋友圈的小伙伴无时不刻在讨论这部剧。

90后演员张一山用极致的演技主演《余罪》，该剧改编自常书欣所撰写的同名网络人气小说。讲述了一群市井出身、年轻热血的警校学渣们，处在因毕业前打架斗殴而面临被开除学籍的危险之中。当他们正准备接受处分的时候，警界风云人物许平秋为拯救这群年轻人的前程，让他们参加一场为选拔“精英”参加任务的危险训练。在常人眼中执法为民的警察应该是一身正气的，以警校学员余罪为首的一群90后，在外人眼里却成了警校的败类，他们喝酒打架，不好好学习，公然违纪。

别看余罪一伙像痞子一样吊儿郎当，但他们同样有一颗“贫，气不改；达，志不改”的正义之心。余罪从精英选拔中脱颖而出，他凭借着独有的生存技能和心中的正气，走上了一条危险的不归路，并打响了90后卧底的血性生存战。许平秋设计绑架了余罪的好兄弟鼠标，逼余罪走进圈套，误认为自己杀了人，余罪被定性为杀人犯。他被丢进牢房，在不知情的情况下与老奸巨猾的大毒枭傅国生见面，要在等级制度的牢房中生存，余罪必须使出浑身解数，“射人先射马，擒贼先擒王”。运用反侦察、犯罪心理学等知识，他居然要变得像罪犯一样，用非常的手段达到了正确的目的。

最终他接下卧底的任务，甘愿从平凡幸福的生活中消失。人性的考验和生命的危险不停敲打他，在打击罪犯的过程中，他一次次走到了法律边缘，一次次在惩戒犯罪和自我救赎的矛盾中挣扎、抗衡。

《余罪》描述的是一个地下世界，90后警察余罪和毒贩、悍匪、黑道大佬的以命交锋的血性之争。窥探生存环境的黑暗角落，从混迹人群中的扒手到躲在深山老林里的悍匪、从横行街头的流氓到逡巡在海岸线边缘的毒枭，剧中塑造出近百个不同的罪犯心理活动和形象，一个通往新世界的大门向我们打开，正与邪的边界模糊、现实与虚拟的重叠、执法与犯法的考量，《余罪》让我们进入了一个时代的灰色地带。剧情的波澜起伏，接地气、有认同，时而疑云重重，时而拨云见日的案情让观者大呼过瘾。剧中夹带各种插科打诨的笑料让人捧腹、少许悲情桥段让人落泪，还有看似不经意的人生感悟引人思考。观者便不自觉得随着剧情一齐与余罪抗争。

《余罪》展现的是一个真实世界，运用现实元素发生真实故事。这些丰富丰满又啼笑皆非的情节，都是《余罪》原作者常书欣自己的亲身经历。而剧中一些工作的细节引起不少基层警察的共鸣。卖水果、摆地摊、作奸犯科的小混混、构成我们平时的真实景象，贩毒、杀人、钩心斗角也是我们平时不曾接触的真实一面。

《余罪》暗示的是一群人性的需求，一个只想回家当个片警的90后警察余罪，其人性的需求是“慈母手中线，游子身上衣”平稳温暖的生活，是学成归家孝顺父母的心愿。看到有人死在眼前的那种震撼感、威胁感，使余罪久久不能合眼，他需求的是普通人的安全感，然而夜不能寐的恐惧感是余罪人性最本能的反映。剧中他在特定的环境下会突出自私、狡猾、狠的性格，然而回归单纯，他又是单纯善良的。正是这样，人物形象活灵活现，饱含真实的人性。

《余罪》探究的是一种宿命的回归，傅国生评价余罪的姓名说道：“生有余罪，死有余辜。”生时我们每个人都背负着未曾完结的罪孽，死后留有一些可以被怜悯的无辜。“人生亦有命，安能行叹复坐愁？”仿佛没人是上帝的选民，每个人注定痛苦地赎罪。仿佛是非对错都将抹去，所有的黑白都将混合。宿命论就如上帝先定论一样让人无奈——人的命运是一出生就注定好的。

“世情薄，人情恶，雨送黄昏花易落”，最终余罪说到的一句话道出该剧精髓：“罪犯首先是人，然后是犯。犯罪者同样面临着焦灼和人性的考量，同样有着善的一面。当潜逃18年的罪犯面对着慈父慈母流下了忏悔的眼泪；一代贼王黄三暮老之年为几个收养的孩子做的争取和努力……而正义之营也有败类，人心起伏，谁又能说得清呢？”

解析

影评也是网络文化评论的重要组成部分，好的影评不仅要介绍影片的内容、角色、主题思想等，更应当揭示该影片的独特艺术魅力所在。作为影评，这篇文章选取了受人关注的电视剧《余罪》作为分析对象，揭示了该剧的特色和成功之处，文章结构合理，用语规范，是一个比较好的范本。

文章开宗明义，一开篇作者便肯定了《余罪》这部剧大受欢迎和引发热议的事实。接下来作者用了三段文字介绍这部剧的主要内容，简要分析这部剧的特色所在，并对主演张一山的表现给予了肯定。之后作者从四个层面对这部剧进行了深入的分析，他用“描述”“展现”“暗示”“探究”四个词语层层递进，对《余罪》这部剧进行了工笔描摹。

在分析该剧独特艺术魅力所在时，作者首先从这部剧的题材、人物塑造、剧情展开、笑料和人生感悟入手，对剧情进行了介绍，“《余罪》描述的是一个地下世界，90后警察余罪和毒贩、悍匪、黑道大佬的以命交锋的血性之争。”接下来，作者又对这部剧的现实元素进行分析，“《余罪》展现的是一个真实世界，运用现实元素发生真实故事”，作者敏锐地捕捉到正是由于其“真实性”，这部剧才引发了很多人的共鸣。在分析了这部剧的剧情和现实元素之后，作者又从人性需求和宿命回归的双重角度，深入探究了这部剧的深层含义及打动人心的地方。“《余罪》暗示的是一群人性的需求，一个只想回家当个片警的90后警察余罪，其人性的需求是‘慈母手中线，游子身上衣’平稳温暖的生活，是学成归家孝顺父母的心愿”，该剧塑造的人物形象活灵活现，饱含真实的人性，因而具有感动人心的力量。此外，作者又从宿命论的角度分析了该剧，认为“《余罪》探究的是一种宿命的回归，傅国生评价余罪的姓名说道：‘生有余罪，死有余辜’”，“余罪”一词一语双关，同时又很好地点题。最后作者引用唐婉辞《钗头凤•世情薄》的首句“世情薄，人情恶，雨送黄昏花易落”为全文作结，并引用主人公余罪的话点出了这部剧的精髓，认为“犯罪者同样面临着焦灼和人性的考量，同样有着善的一面”，画龙点睛。

从语言水平来看，这篇影评的用语比较严谨、规范，比喻、排比等手法的运用让文章不失活泼，而诗句的引用也为文章增添了一些韵味。

讨论题与练习题

一、讨论题

1.网络文化评论与文艺批评相同之处在哪里?不同之处又是什么?

2.网络文化具有鲜明的后现代特征,娱乐至上成为一种流行现象。我们在写作网络文化评论时,如何做到既能营造轻松愉快的阅读体验,又能有效实现正确价值观的引导?

二、练习题

1.结合同一文化新闻或文化现象,从党报和大众网络媒体各选一篇评论文本,对其语言表达的异同进行比照分析,概括网络媒体文化评论的语言特征。

2.聚焦近期广受关注的热点文化问题和网民的各种表达,从不同维度分析其中包含的两种或多种价值观导向。

3.结合一个时期的某个文化新闻或文化现象,提出自己的论点,写出评论标题。

4.从党报选择一篇文化新闻评论作品,尝试换角度、换文风进行改写,使文本既具网络语言特色,又不违背基本的语法规律和价值导向。

5.选取针对同一文化热点的五篇以上网络(包括自媒体)评论,领会文本中表达的意义,系统关注文后的读者跟帖,分析哪些表达更容易被受众认同,总结认同度高的网络文化评论有什么样的共性,并用1,000字以内短文概括你的发现。

后　记

本书作为教材，而非个人专著，凝聚了许多人的心血和努力。

首先要感谢书中采用的优秀网络评论范文的各位作者，他们以闪光的思想和杰出的文采，为有志写好网络评论的学子们树立了学习的榜样。

感谢首发网络媒体推出了这些佳作，感谢原文责任编辑付出了辛勤的劳动,为评论教学提供了优质的资粮。

感谢华中科技大学新闻评论研究中心为本书的出版提供学术支持。尤其感谢赵振宇、顾建明等资深专家学者，给本书的编写以热忱的鼓励和指导。

感谢武汉体育学院新闻传播学院院长张德胜教授、校期刊社社长万晓红教授、校级优势特色学科群中的“互联网+背景下的媒体转型与媒体营销”团队负责人付晓静教授在经费方面倾力相助，否则本书难以付梓。

感谢中国传媒大学出版社编辑程平、姜颖昳两位老师精心策划，认真审校，尽最大可能提高了本书的质量。

需要补充说明的是，本书的编写与出版，只是作为高校相关院系评论写作课程教学之用，并非作为商业项目。对于优秀范文作者，我们除了在此真诚致谢，另备样书赠奉，以作留念。我们尚未联系到的作者，敬请您将个人联系方式发至邮箱yaohonglei@foxmail.com，我们会主动和您联系。

本书编著团队

2021年9月

图书在版编目(CIP)数据

优秀网络评论文本解析 / 姚洪磊，刘学峰主编. -- 北京：中国传媒大学出版社，2021.9
ISBN 978-7-5657-3023-8

Ⅰ. ①优… Ⅱ. ①姚… ②刘… Ⅲ. ①互联网络—舆论—研究 Ⅳ. ①G206.2

中国版本图书馆 CIP 数据核字(2021)第 192007 号

优秀网络评论文本解析
YOUXIU WANGLUO PINGLUN WENBEN JIEXI

主　　编	姚洪磊　刘学峰
副 主 编	景义新　姬学涛　柴巧霞　李雪昆　夏熊飞
策划编辑	程　平
责任编辑	程　平　姜颖昳
责任印制	李志鹏
封面制作	大鹏设计

出版发行	中国传媒大学出版社		
社　　址	北京市朝阳区定福庄东街 1 号	邮　　编	100024
电　　话	86-10-65450528　65450532	传　　真	65779405
网　　址	http://cucp.cuc.edu.cn		
经　　销	全国新华书店		

印　　刷	三河市东方印刷有限公司
开　　本	787mm×1092mm　1/16
印　　张	12.5
字　　数	357 千字
版　　次	2021 年 9 月第 1 版
印　　次	2021 年 9 月第 1 次印刷

书　　号	ISBN 978-7-5657-3023-8/G · 3023	定　　价	49.00 元

本社法律顾问：北京李伟斌律师事务所　郭建平